Rezepte für jede Jahreszeit

Rezepte für jede Jahreszeit

Saisonale Gerichte, frisch auf den Tisch

Parragon

Bath • New York • Cologne • Melbourne • Delhi
Hong Kong • Shenzhen • Singapore • Amsterdam

Parragon Books Ltd
Chartist House
15–17 Trim Street
Bath, BA1 1HK, UK
www.parragon.com

Realisation der deutschen Ausgabe:
trans texas publishing services GmbH, Köln
Übersetzung: Wiebke Krabbe, Damlos
Satz: Regine Ermert, Köln

ISBN 978-1-4748-3236-6
Printed in China

HINWEIS
Sofern die Schale von Zitrusfrüchten benötigt wird, verwenden Sie unbedingt unbehandelte Früchte. Sind Zutaten in Löffeln angegeben, ist immer ein gestrichener Löffel gemeint: Ein Teelöffel entspricht 5 ml, ein Esslöffel 15 ml. Sofern nicht anders angegeben, wird Vollmilch (3,5% Fett) verwendet. Es sollte stets frisch gemahlener schwarzer Pfeffer verarbeitet werden. Bei Eiern und einzelnen Gemüsesorten, z.B. Kartoffeln, verwenden Sie mittelgroße Exemplare.
Garnierungen, Dekorationen und Serviervorschläge sind kein fester Bestandteil der Rezepte und daher nicht unbedingt in der Zutatenliste oder Zubereitung aufgeführt. Die angegebenen Zeiten können von den tatsächlichen abweichen, da je nach Zubereitungsmethode und vorhandenem Herdtyp Schwankungen auftreten. Optionale Zutaten, Variationen oder Serviervorschläge sind bei den Zeitangaben nicht berücksichtigt.
Kinder, ältere Menschen, Schwangere, Kranke und Rekonvaleszenten sollten auf Gerichte mit rohen oder nur leicht gegarten Eiern verzichten. Schwangere und stillende Frauen sollten den Verzehr von Erdnüssen oder erdnusshaltigen Zubereitungen vermeiden. Allergiker sollten bedenken, dass in allen in diesem Buch verwendeten Fertigprodukten Spuren von Nüssen enthalten sein könnten. Bitte lesen Sie in jedem Fall zuvor die Verpackungsangaben. Vegetarier sollten darauf achten, dass einige der Fertigprodukte tierische Produkte enthalten könnten. Bitte lesen Sie in jedem Fall zuvor die Verpackungsangaben.

Der Verlag dankt für die Abdruckrechte der Abbildungen auf dem Umschlag: Radieschen auf blauem Holzuntergrund © Studer-T. Veronika/Getty Images.

Inhalt

Die Jahreszeitenküche

Man braucht kein Genie zu sein, um zu erkennen, dass sich in jedem Rezept konventionelle Zutaten gegen Bioprodukte austauschen lassen. Und wäre es nicht langsam an der Zeit, beim Einkauf zunehmend auf Bio zu setzen und seine Kochgewohnheiten zu überdenken? In diesem Buch wird gezeigt, wie abwechslungsreich, zeitgemäß und vor allem köstlich Sie mit dem großen – und zum Glück wachsenden – Angebot an saisonalen, frischen und gesunden Bio-Zutaten kochen können. Die Bandbreite reicht von einfachen Snacks wie Käsestangen bis zu neuen, trendigen Rezepten wie paniertem Fenchel, und sie zeigt, wie interessant und kreativ die moderne saisonale Küche sein kann.

Es ist schon spannend, wie sich die Zeiten ändern. Noch vor wenigen Jahrzehnten wurden Bio-Lebensmittel belächelt. Sie waren schwer erhältlich, und wenn man einen Bioladen fand, dann beschränkte sich das Angebot oft auf ein paar Kisten Äpfel, Kartoffeln und Möhren, die staubig, schrumpelig und nicht sonderlich appetitlich aussahen – dafür aber einen stattlichen Preis hatten. Kein Wunder, dass dort nur eingefleischte Bio-Fans einkauften.

Heute stehen die Dinge anders. Bio gilt als zukunftsweisender Trend und wird von einer stetig wachsenden Kundenschicht angenommen. In einer Zeit, in der sich Katastrophenmeldungen häufen, vermitteln uns nachhaltige und biologische Methoden der Lebensmittelproduktion Zuversicht und das Gefühl, dass jeder ein Stück zu einer besseren Zukunft beitragen kann. Dieses Buch zeigt Ihnen, wie es geht.

Einleitung

Der ständige Zeitdruck unseres Alltags hat dazu geführt, dass sich Gewohnheiten in unser Leben eingeschlichen haben. Wir essen rund ums Jahr ähnliche Speisen und finden es selbstverständlich, dass sie immer verfügbar sind. Wir denken nicht darüber nach, wie weit der Transportweg vom Erzeugerland in den Supermarkt ist und mit welchen Mitteln dafür gesorgt wird, dass die Waren auch nach langer Reise noch appetitlich aussehen. Inzwischen wissen wir aber, dass es unserer Gesundheit und unserem Planeten nützt, wenn wir entschleunigen, die Jahreszeiten wieder wahrnehmen und insgesamt nachhaltiger leben. Ein Schritt auf diesem Weg ist der Einkauf von saisonalen Lebensmitteln aus der Region.

Nahrung, Landwirtschaft und Wohlbefinden

Damit der Mensch überleben kann, brauchen Körper und Seele Nahrung. Ohne Nahrung und Wasser würden wir sterben. Und da die Landwirtschaft unsere Nahrung produziert, ist es nur logisch, dass auch die Produktionsmethoden Auswirkungen auf unser Wohlbefinden haben. Pestizide, Medikamente und andere Mittel der intensiven Landwirtschaft wurden ursprünglich entwickelt, um die Qualität unserer Lebensmittel zu verbessern, allerdings können sie in vielfacher Hinsicht das Gegenteil bewirken.

Durch den Einsatz von Kunstdüngern beispielsweise wurde der Ackerbau vereinfacht. Mithilfe von Antibiotika und Vitaminpräparaten konnte Fleischvieh in großer Zahl in geschlossenen Ställen großgezogen werden – und oft sogar schneller, als die Natur es vorsah. Fortschritte in Technologie und Transportwesen haben dazu geführt, dass Waren in kurzer Zeit um den halben Globus befördert werden können. Über Jahrhunderte bestimmten die Jahreszeiten unsere Ernährung. Man freute sich auf reife Erdbeeren und Zuckererbsen, die es nur im Sommer gab. Im Herbst wurde das Obst geerntet, und im Winter kam herzhaftes Wurzelgemüse auf den Tisch. Heute werden Obst und Gemüse aus aller Welt importiert und wir haben uns daran gewöhnt, dass jederzeit und Überall eine Vielfalt der verschiedensten Obst- und Gemüsesorten angeboten wird.

Die Medaille hat auch eine Rückseite. Übergewicht und ernährungsbedingte Krankheiten nehmen zu, immer wieder sorgen Lebensmittelskandale für Schlagzeilen, und etwa ein Sechstel des weltweiten Ackerlands ist infolge intensiver Bewirtschaftung ausgelaugt.

Wege zur Nachhaltigkeit

Nicht nur Lebensmittel sind zur Selbstverständlichkeit geworden. Der Strom fließt aus der Steckdose, Wasser sprudelt jederzeit aus dem Hahn, wir springen selbst für kurze Wege ins Auto und fliegen in ferne Länder, ohne uns viele Gedanken um die Umwelt zu machen.

Dabei genügt es schon, etwas genauer über die Beziehung zwischen unserem Planeten und unserem Essen nachzudenken und die eigenen Einkaufsgewohnheiten etwas zu verändern, um einen Beitrag zur Wiederherstellung des Gleichgewichts zu leisten. Saisonale Lebensmittel aus vielleicht sogar biologischer Produktion, Fisch aus verantwortungsvollem Fang, sparsamer Umgang mit Energie und Vermeidung von Müll sind einfache Schritte, die jeder tun kann. Sie helfen, uns besser zu ernähren, unsere Lebenswelt genauer wahrzunehmen, gesünder und zufriedener zu leben.

Biologische Landwirtschaft

Biologische Landwirtschaft strebt an, die Gesundheit von Feldfrüchten und Vieh zu stärken, sodass sie von Natur aus widerstandsfähiger gegen Krankheiten sind. Im Zentrum steht die Gesundheit des Bodens, die durch Fruchtwechsel und den Einsatz natürlicher Düngemittel gefördert wird. So werden Nährstoffgehalt und Struktur des Bodens geschont und die Ausbreitung von Bodenschädlingen und Krankheiten sowie Erosion werden verringert. Der Einsatz von Pestiziden und künstlichen Düngemitteln ist streng beschränkt.

Auf das Wohlergehen des Viehs wird Wert gelegt. Ausreichend Stallraum und Auslauf im Freien gehören unbedingt dazu, während die routinemäßige Verabreichung von Antibiotika und Medikamenten, die Krankheiten verhüten und das Wachstum beschleunigen, verboten ist.

Gesünder und schmackhafter

Viele Menschen finden, dass Bio-Produkte einfach besser schmecken als Waren aus konventioneller Landwirtschaft. Tatsächlich wächst biologisch kultiviertes Obst und Gemüse langsamer als Obst und Gemüse aus Intensivlandwirtschaft. Es reift natürlich, enthält meist weniger Wasser und hat dadurch einen intensiveren Geschmack. Biologisch gehaltenes Vieh hat Zugang zu Weideland. Weil es grast und sich dabei bewegt, ist sein Fleisch magerer, hat eine festere Konsistenz und einen besseren Geschmack.

In Studien wurde nachgewiesen, dass Obst und Gemüse aus biologischer Produktion mehr Vitamin C und wichtige Mineralien enthalten als vergleichbare Sorten aus Intensivkultur. Bio-Milch enthält mehr Omega-3-Fettsäuren als Standardmilch.

Zusatzstoffe wie gehärtete Fette, künstliche Süßungsmittel oder Natriumglutamat sind in Bio-Lebensmitteln nicht zugelassen. Aber gerade sie stehen in Verdacht, Gesundheitsprobleme wie Asthma und Herzkrankheiten, Allergien und Hyperaktivität zu begünstigen.

In der konventionellen Landwirtschaft sind aktuell mehr als 440 Pestizide zugelassen, deren Rückstände auch in den Produkten zu finden sind. In der Bio-Landwirtschaft wird auf solche Pestizide verzichtet. Antibiotika, die bei Schlachtvieh zur Wachstumsbeschleunigung eingesetzt werden, stehen im Verdacht, beim Menschen gefährliche Resistenzen zu fördern. Der regelmäßige Einsatz solcher Medikamente ist in der biologischen Landwirtschaft nicht zugelassen.

Außerdem verbieten Bio-Richtlinien den Einsatz von genetisch veränderten Erzeugnissen oder Zutaten. Betriebe, die das Bio-Siegel führen, müssen strenge Standards erfüllen und werden regelmäßig kontrolliert. So können die Verbraucher sicher sein, Lebensmittel zu kaufen, die so erzeugt wurden, wie es von der Natur vorgesehen ist.

Glückliche Tiere und ein gesundes Ökosystem

Die Vorschriften für biologische Landwirtschaft betreffen auch das Wohlergehen der Nutztiere. Bio-Milch enthält beispielsweise nachweislich mehr Vitamin E und Betakarotin als konventionelle Milch. Das liegt hauptsächlich an der Ernährung. Biologisch gehaltene Milchkühe fressen frisches Gras und Weidekräuter, während Milchvieh in Intensiv-Stallhaltung meist mit Getreide und Protein-Zusatzstoffen versorgt wird. Sowohl das Getreide als auch die Zusatz-Futtermittel stammen wiederum aus intensiver Landwirtschaft – ein Kreislauf ohne Ende.

Insgesamt produziert die biologische Landwirtschaft weniger schädliche Chemikalien und weniger Kohlendioxid. Auch in anderer Hinsicht hat sie Vorteile gegenüber der intensiven Landwirtschaft. Typische biologische Bewirtschaftung setzt auf kleinere Flächen, die durch Hecken, Bäume, Kräuter oder Grasstreifen unterbrochen sind. Krankheiten und Schädlinge können sich hier nicht so schnell ausbreiten wie auf riesigen Ackerflächen.

Die Gliederung fördert außerdem die Artenvielfalt, die für ein gesundes Ökosystem von Bedeutung ist.

Die Jahreszeiten neu entdecken

Ein erster und einfacher Schritt zu einer gesünderen Lebensweise besteht darin, die Jahreszeiten neu zu entdecken und ihren Rhythmus bei der Einkaufs- und Speiseplanung zu berücksichtigen.

Berufstätige Menschen müssen zwar oft auch den Einkauf unter Zeitdruck erledigen, aber zum Glück nehmen inzwischen viele Supermärkte die Zeichen der Zeit wahr und vergrößern ihr Angebot an regionalen und saisonalen Produkten aus biologischer oder fairer Produktion. Ein Einkaufsbummel auf dem Markt kann entspannend sein, und wer weniger Zeit hat, bestellt direkt beim Erzeuger ein Obst- und Gemüsekisten-Abonnement.

Vielleicht haben Sie auch Lust, zu Hause ein paar Kräuter in Kübel und Kästen zu säen oder einige Kartoffeln oder Möhren im Gartenbeet zu kultivieren. Womöglich entdecken Sie dabei sogar Ihren grünen Daumen.

Beim routinemäßigen Einkauf verfallen wir alle leicht in alte Gewohnheiten. Gerade wenn die Zeit knapp ist, greift man leicht Woche für Woche zu denselben Produkten. Aber damit bleibt das Repertoire der Gerichte relativ klein. Wer sich beim Einkaufen am saisonalen, häufig wechselnden Angebot orientiert, muss in der Küche öfter experimentieren. Das bringt Abwechslung auf den Tisch, und vielleicht entdecken Sie sogar ein neues Lieblingsgericht. Dann werden Sie die Mahlzeiten wieder genießen, statt nur hastig nebenbei zu essen.

Wer sich saisonal ernährt, verzehrt zu jeder Jahreszeit die Lebensmittel, die gerade dann dem Körper gut tun. Er fördert außerdem Erzeuger aus der Umgebung und trägt durch den Verzicht auf Importware zur Vermeidung unnötiger Transportwege bei. Aber letztlich geht es auch bei der Jahreszeitenküche nicht um Verzicht, sondern um Genuss und Freude.

Kochen und essen mit Genuss

Vieles im Leben wird uns bequem und einfach gemacht, und doch haben wir immer weniger Zeit. Wie oft fragt man sich am Ende einer hektischen Woche, wo nur die Zeit geblieben ist. Ab und zu wird es sich nicht vermeiden lassen, in Eile zu essen. Aber selbst nach einem langen Arbeitstag kann es ausgesprochen wohltuend sein, sich Zeit zum Kochen und zum gemeinsamen Essen mit Freunden oder Familie zu nehmen.

Wer ein leckeres Essen zubereiten möchte, muss nicht stundenlang in der Küche schuften. Ein Eintopf kann langsam köcheln, während Sie sich duschen. Ein Braten kann im Ofen garen, während Sie Ihre E-Mails beantworten oder staubsaugen. Selbst wenn die Zeit ganz knapp ist, müssen Sie nicht zu abgepackten Fertiggerichten greifen. Eine Schüssel Nudeln mit etwas Olivenöl und frisch geriebenem Parmesan bringen Sie im Handumdrehen auf den Tisch.

Nichts umkommen lassen

Viele köstliche Gerichte sind ursprünglich aus der Notwendigkeit entstanden, Reste zu verbrauchen oder Überschüsse aus dem Nutzgarten zu verwerten. Italienische Klassiker, die in aller Welt beliebt sind, entstammen oft der cucina povera – der „Armeleuteküche" der Bauern, denen oft nur einfache Zutaten wie Brot, Obst, Gemüse, Getreide und Olivenöl zur Verfügung standen. Brot spielt in der italienischen Küche seit jeher eine wichtige Rolle, und man ließ es niemals umkommen. Aber wer von uns käme auf die Idee, den letzten Rest zu würfeln und für Croûtons zu verwenden oder zu Bröseln zu reiben, um damit eine Sauce anzudicken? Wer von uns kauft ein Hähnchen und verwendet, wenn das Fleisch gegessen ist, das Gerippe noch für eine Brühe, die als Grundlage für eine zweite Mahlzeit dient? Wer greift großzügig zu, wenn auf dem Markt Obst oder Gemüse billig zu haben sind, um daraus Marmelade oder Chutney zu kochen? Die Konservierungsmethoden, die noch heute zum Einsatz kommen, gehen auf eine Zeit zurück, als man Überschüsse haltbar machen musste, um für magere Jahreszeiten vorzusorgen.

Seit Urzeiten haben Menschen in allen Kulturen der Welt Möglichkeiten entwickelt, um Lebensmittel haltbar zu machen und in üppigen Monaten einen Vorrat für Zeiten anzulegen, in denen es wenig zu ernten gab. Im Lauf der Jahrhunderte wurden immer raffiniertere Methoden erfunden, um Obst und Gemüse, Fleisch und Fisch einzukochen oder in Essig einzulegen, zu trocknen, zu pökeln oder zu räuchern. Wenn Sie wieder einmal Schinken oder Räucherlachs essen, denken Sie daran, dass es solche Köstlichkeiten gibt, weil unsere Vorfahren im engen Einklang mit den Jahreszeiten lebten.

Natürlich hat kaum jemand Zeit oder Lust, Fleisch zu pökeln oder Fisch zu räuchern. Aber jeder kann davon profitieren, sich den Wechsel der Jahreszeiten bewusst zu machen und möglichst das zu kaufen, was saisonal vor Ort angeboten wird.

Saison-Genuss

Wechsel und Wandel machen den Wert der Jahreszeiten aus. Sicherlich wünscht man sich gelegentlich, dass der Sommer nie endet, aber es hat auch seinen Charme, warm angezogen einen Winterspaziergang zu unternehmen. In ähnlicher Weise liegt der Reiz mancher Lebensmittel gerade darin, dass ihre Saison so kurz ist. Ein Paradebeispiel ist Spargel, der tagesfrisch am besten schmeckt. Und weil die Saison für einheimischen Spargel so kurz ist, liegt es doch nahe, ihn während dieser Zeit ausgiebig zu genießen und sich dann auf das nächste junge Gemüse zu freuen. Direkt im Anschluss an die Spargelsaison kommen knackige grüne Bohnen oder junge, süße Möhren auf den Markt. Wenn man sich unter den topfrischen Gemüsearten der jeweiligen Saison die allerschönsten und schmackhaftesten aussucht, macht der Einkauf mehr Spaß und der Speisezettel wird viel abwechslungsreicher.

Saisonale Lebensmittel sind frischer, nährstoffreicher und aromatischer. Wer Abgepacktes öfter liegen lässt und stattdessen Gerichte aus frischen Zutaten selbst kocht, geht auf dem Weg zu einem gesünderen Leben einen großen Schritt voran. Verschaffen Sie sich mit Schnippeln und Rühren etwas Bewegung in der Küche, statt etwas aus dem Imbiss mitzubringen oder vor dem Fernseher ein Fertiggericht zu mümmeln. Sie werden sehen, dass es mehr Spaß macht, besser schmeckt und gesünder ist.

Es ist gar nicht so schwierig, die Einkaufsgewohnheiten zu verändern, und auch eine gesunde Ernährung ist keine komplizierte Wissenschaft. Sie brauchen nur ein bisschen umzudenken. Statten Sie den Vorratsschrank mit einigen Grundzutaten aus: Gewürze, Olivenöl, Reis, getrocknete Hülsenfrüchte, Mehl und vielleicht eine oder zwei Dosen Tomaten. Und dazu kaufen Sie jeweils ein, was gerade frisch und in guter Qualität im Angebot ist.

Befolgen Sie Rezepte nicht in allen Einzelheiten. Konzentrieren Sie sich auf die Art des Gerichts und die Zubereitungsweise und variieren Sie, wenn es nötig ist. Wenn kein frischer Kürbis zu bekommen ist, nehmen Sie stattdessen Süßkartoffeln für einen Auflauf. Statt Karotten können Sie auch Pastinaken in den Kuchenteig rühren. Wenn das Basilikum schlapp aussieht, kaufen Sie lieber Petersilie.

Betrachten Sie die Rezepte in diesem Buch als Anregungen, und experimentieren Sie nach Lust und Laune. Nur beim Backen müssen Sie es etwas genauer nehmen, damit das Ergebnis gelingt.

Müll vermeiden, wiederverwenden und recyceln

Die Wegwerfmentalität hat erschreckende Auswirkungen auf die Ressourcen unseres Planeten. Wir müssen lernen, weniger Abfall zu produzieren, um Rohstoffe und Energie zu sparen. Die Wiederverwendung ist dabei ein wichtiger Schritt. Das beginnt schon mit Einkaufstüten: Statt sie wegzuwerfen, kann man sie viele Male benutzen. Wenn wir ausgemusterte Kleidung, Spielsachen oder Möbel ins Sozialkaufhaus bringen, können andere Menschen noch von ihnen profitieren. Es gibt sogar Organisationen, die alte Brillen, Computer und Mobiltelefone wiederverwerten.

Auch das Recycling trägt zur Reduzierung der Müllberge bei. Durch nur eine Tonne Recyclingpapier können 17 Bäume erhalten bleiben. Eine Tonne Recyclingglas spart 136 Liter Öl ein. Aluminiumdosen können nahezu unbegrenzt recycelt werden. Dafür sind 95 Prozent weniger Energie als für die Produktion neuer Dosen notwendig, und es werden Rohstoffe eingespart. Es dauert Jahrhunderte, bis Plastik verrottet – setzen Sie darum lieber auf kompostierbare Verpackungsmaterialien.

Achten Sie beim Einkauf auf Produkte, die langlebig und recycelbar sind. Wenn Sie beispielsweise Holz für DIY-Projekte kaufen, achten Sie darauf, dass es nicht von bedrohten Baumarten stammt, oder kaufen Sie gebrauchtes Holz. Das gilt auch für Möbel.

Die Kompostierung von Küchen- und Gartenabfällen trägt zum Schutz der Torfmoore bei. Schnell verrottende Abfälle wie Obst- und Gemüseschalen, Teebeutel, Rasenschnitt und grüne Gartenabfälle liefern Stickstoff und Feuchtigkeit, Eierschalen reichern den Kompost mit Mineralien an. Eierkartons, zerrissenes Papier und Herbstlaub enthalten Kohlenstoff und lockern, weil sie grobfaserig sind, den Kompost auf. Das ist wichtig für die Sauerstoffzufuhr, die zur Kompostierung nötig ist. Selbst gemachter Kompost ist ein guter Bodenverbesserer für den Garten und spart Müll.

Das CO_2-Problem

Als ökologischen Fußabdruck oder Kohlenstoff-Bilanz bezeichnet man die Auswirkungen menschlicher Aktivität auf die Umwelt, vor allem auf die Produktion von Treibhausgasen, die in Kohlendioxid-Einheiten gemessen wird. Manche Unternehmen leisten – in Relation zu ihrem Kohlendioxid-Ausstoß – Ausgleichszahlungen. Dadurch wird ihr eigener CO_2-Fußabdruck zwar nicht reduziert, aber die Gelder fließen in Klimaschutzprojekte, die zur Verringerung der weltweiten Produktion von Treibhausgasen beitragen.

Wir alle können zur Reduzierung der CO_2-Emissionen beitragen, indem wir öfter zu Fuß gehen oder das Fahrrad benutzen, Car-Sharing-Projekte nutzen oder einfach langsamer fahren, um weniger Auspuffgase zu produzieren. Im Haushalt ist es sinnvoll, Geräte, die nicht benutzt werden, komplett auszuschalten, statt auf Standby zu stellen und energiesparende Geräte und Leuchtmittel zu verwenden. Verringern Sie die Raumtemperatur um ein oder zwei Grad. Selbst kleine Maßnahmen bringen Nutzen: Ein Duschbad braucht weniger Energie als ein Wannenbad, und beim Zähneputzen braucht kein Wasser zu laufen. Wer saisonale Produkte aus der Umgebung kauft, vermeidet Transportkosten und die damit verbundenen Schadstoffemissionen.

Fairtrade

Obwohl es sich empfiehlt, saisonal und regional einzukaufen, mögen wir ab und zu auch gern exotische Früchte. Tee und Kaffee konsumieren die meisten Menschen. Viele dieser Produkte stammen aus armen Ländern. Organisationen wie Fairtrade tragen dazu bei, dort nachhaltige und umweltfreundliche Produktionsmethoden zu etablieren, kleine Unternehmen zu fördern und den Arbeitskräften faire Löhne zu sichern. Nicht alle Fairtrade-Produkte erfüllen hiesige Bio-Kriterien, aber hinsichtlich der Werte gibt es zwischen Bio und Fairtrade viele Überschneidungen.

Frühling

Gemüse

Bärlauch
Blumenkohl
Brokkoli
Brunnenkresse
Frühlingszwiebeln
Karotten
Kartoffeln
Sellerie
Kohl (alle grünblättrigen Sorten)
Kulturpilze
Markkürbis
Porree
Radieschen
Rote Beten (nicht im späten Frühjahr)
Sauerampfer
Schalotten
Schnittlauch
Spargel (spätes Frühjahr)
Spinat
Steckrüben
Zwiebeln (rote, weiße, Gemüsezwiebeln)

Fisch und Meeresfrüchte

Lachs (Wild-)
Maischolle
Meerforelle (spätes Frühjahr)
Muscheln
Stint

Obst

Ananas
Äpfel (zum Kochen und Backen)
Bananen
Erdbeeren
Mango
Orangen
Rhabarber

Fleisch, Geflügel und Wild

Ente
Fasan
Huhn
Kaninchen
Lamm (Frühling)
Rehwild (ganzjährig, aber vor allem im Winter)
Rind
Schwein
Wachtel

Sommer

Gemüse

Artischocken
Auberginen
Blumenkohl (außer Frühsommer)
Bohnen (Busch-/Stangenbohnen, Dicke Bohnen)
Brokkoli
Brunnenkresse
Chicoree
Erbsen
Fenchel
Gurken
Kaiserschoten
Karotten
Kartoffeln
Knoblauch (frisch)
Kohl (alle grünblättrigen Sorten)
Kohlrabi
Kulturpilze
Mais (Spätsommer)
Mangold
Paprika
Petersilie
Pfifferlinge (Spätsommer)
Radicchio
Radieschen
Rote Beten
Rüben
Rucola
Salat
Sauerampfer
Schalotten
Sellerie
Spargel (Frühsommer)
Spinat
Tomaten
Zucchini
Zwiebeln (rote, weiße, Gemüsezwiebeln)

Fisch und Meeresfrüchte

Dorsch
Garnelen
Hering
Hummer
Jakobsmuscheln
Krabben
Krebse
Makrele
Meerbrasse
Meerforelle
Sardine
Tintenfisch
Wolfsbarsch

Obst

Aprikosen
Brombeeren
Erbeeren (Frühsommer)
Heidelbeeren
Himbeeren
Kirschen
Nektarinen
Pfirsiche
Pflaumen (Spätsommer)
Wassermelonen

Fleisch, Geflügel und Wild

Ente
Fasan
Gans
Huhn
Kaninchen
Lamm
Rehwild (ganzjährig, aber vorwiegend im Winter)
Rind
Schwein
Wachtel
Wildschwein (ab August)

Herbst

Gemüse

Artischocken
Blumenkohl
Endivien
Frühlingszwiebeln
Gurken
Ingwer
Karotten
Kartoffeln
Knoblauch
Kohl (alle grünblättrigen Sorten)
Kohlrabi
Kopfsalat
Kulturpilze
Kürbis
Mais (Frühherbst)
Mangold
Markkürbis
Paprika
Pastinaken
Petersilie
Radicchio
Radieschen
Rote Beten
Rüben
Rucola
Sauerampfer
Schalotten
Spinat
Süßkartoffeln
Tomaten
Topinambur (Spätherbst)
Wildpilze
Zucchini
Zwiebeln (rote, weiße, Gemüsezwiebeln)

Fisch und Meeresfrüchte

Garnelen
Hummer
Makrele
Meerforelle (Frühherbst)
Muscheln
Sardinen
Tintenfisch
Wolfsbarsch

Obst

Äpfel (frühe Tafelsorten)
Birnen (Spätherbst)
Brombeeren (Frühherbst)
Feigen
Granatäpfel
Himbeeren
Nektarinen
Pfirsiche
Pflaumen
Trauben

Fleisch, Geflügel und Wild

Ente
Fasan
Gans
Hase
Huhn
Kaninchen
Lamm
Perlhuhn
Rehwild
Rind
Schwein
Taube
Wachtel
Wildschwein

Winter

Gemüse

Blumenkohl
Endivien
Frühlingszwiebeln
Grünkohl
Karotten
Kartoffeln
Knollensellerie
Kohl (alle grünblättrigen Sorten)
Kulturpilze
Markkürbis
Pastinaken
Porree
Radicchio
Radieschen
Rosenkohl
Rote Beten
Rotkohl
Rüben
Rucola
Schalotten
Sellerie
Steckrüben
Süßkartoffeln
Topinambur
Zwiebeln (rote, weiße, Gemüsezwiebeln)

Fisch und Meeresfrüchte

Austern
Muscheln

Obst

Äpfel (zum Kochen und Backen)
Birnen
Esskastanien
Grapefruit
Orangen

Fleisch, Geflügel und Wild

Ente
Fasan
Gans
Hase
Huhn
Lamm
Perlhuhn
Rehwild
Rind
Taube
Wachtel
Wildschwein

Frühling

Der Frühling beginnt mit nasskalten, windigen Tagen und endet mit einem Teppich früher Blüten. Wenn es allmählich wärmer wird und die Zahl der täglichen Sonnenstunden zunimmt, liegt Optimismus in der Luft. Endlich können wir die dicke Winterkleidung wegräumen. Anstelle der langsam gegarten, nahrhaften Gerichte, die uns an dunklen Wintertagen mit Energie versorgt haben, kommt jetzt wieder Leichtes auf den Tisch.

Nach der langen Winterruhe ist die Erde noch ein bisschen schläfrig. Im zeitigen Frühling tut sich der Boden schwer damit, frisches Gemüse in großer Auswahl hervorzubringen, aber wenn die Saison fortschreitet, bringt sie ganz besondere Genüsse.

Zu Ostern feiern wir den Frühling – gern auch mit gutem Essen, zu dem sich Familie und Freunde in fröhlicher Runde treffen. Schokoholics dürfen ihrem süßen Zahn nachgeben, und Kinder haben Spaß an der Ostereiersuche. Ein edles Karree vom Lamm, das um diese Zeit besonders köstlich ist, macht beim Festtagsmenü Eindruck. Oder hätten Sie lieber eine Lammkeule, innen noch etwas rosa? Kartoffeln kann man zwar rund ums Jahr kaufen, aber die allerersten Frühkartoffeln sind zum Lamm ein ganz besonderer Genuss.

Zarte, neu ausgetriebene Blätter vom Grünkohl, pikanter Senfkohl und zarter Blumenkohl kommen jetzt auf den Markt, ebenso wie Porree, der als Ersatz für Zwiebeln oder als eigenständiges Gemüse verwendet werden kann. Feiner, hellgrüner Spitzkohl schmeckt roh als Salat, kann aber auch kurz und knackig gegart werden. Schnittlauch, Sauerampfer und Minze treiben im Frühling junge, zarte Blätter, die Suppen, Eier- und Kartoffelgerichten frische Würze geben.

Wenn zum Frühlingsende die Obstbäume blühen, kommt der einheimische Spargel auf den Markt. Lassen Sie sich diese Delikatesse nicht entgehen. Am besten schmecken die zarten Stangen, wenn sie nur kurz gegart werden. Sie passen wunderbar zu Eiern und sahnigen Saucen.

Probieren Sie Spargel auch einmal kurz in Olivenöl gebraten und mit etwas Salz bestreut! Lange, dünne Stangen oder preiswerter Bruchspargel sind ideal für Saucen, Suppen oder herzhafte Tartes.

Sommer

In den Sommermonaten werden wir mit Leckerem verwöhnt. Die großen Ferien stehen bevor, die Wochenenden scheinen länger und wir werden geselliger. Warme, sonnige Tage und Abende, an denen es lange hell bleibt, sind zum Essen im Freien wie geschaffen. Selbst ein ganz simples Gericht schmeckt nach Feierabend viel besser an der frischen Luft. Alltagsärger vergeht da fast von allein.

Frischer Spargel und süße einheimische Erdbeeren sind die Favoriten des Frühsommers. Supermärkte bieten rund ums Jahr Erdbeeren an, aber der Geschmack lässt oft zu wünschen übrig. Erdbeeren aus der Region, nur mit etwas Sahne und einer Prise Zucker, sind ein Genuss, der sich kaum toppen lässt.

Saftige Kirschen schmecken ohne alles direkt aus der Tüte oder als schnelle Vorspeise zu Ziegen-Frischkäse. Vielleicht möchten Sie lieber eine süße Tarte mit üppiger Mandelfüllung und einem knusprigen Butterteig backen? Im Sommer ist das Angebot leckerer Obstsorten – von Brombeeren und Heidelbeeren bis zu saftigen, duftenden Nektarinen und Aprikosen – einfach verführerisch.

Zutaten höchster Qualität, die nur minimalen Küchenaufwand erfordern, sollten den Hauptanteil des Sommer-Speisezettels bilden. Jetzt haben einheimische Salatsorten Hochsaison. Klassischer süßlicher Kopfsalat ist ein wahrer Genuss, und auch die zartbitteren Romana-Sorten schmecken herrlich. Junge Dicke Bohnen und die ersten zarten Zucchini sind zu haben, und im Hochsommer kommen auch frische Erbsen auf den Markt.

Artischocken, Frühlingszwiebeln und Gurken runden das Angebot ab, und wenig später sind auch Tomaten, Busch- und Stangenbohnen, Paprika und Auberginen reif. Sommerkürbisse und das erste Wurzelgemüse schließt sich an.

Kräuter gibt es in großer Auswahl, und viele lassen sich – ganz oder gehackt – gut einfrieren, um damit in den grauen Monaten Suppen und Eintöpfe aufzupeppen.

Manche Menschen meinen, dass Fisch kompliziert zuzubereiten ist, aber das ist ein Irrtum. Lachs und Forelle haben jetzt Saison und sind schnell gar. Frische Sardinen und Makrelen bringen Abwechslung auf den Grill. Krebse und Garnelen schmecken im Freien, ungeniert mit den Fingern gegessen, am allerbesten.

Herbst

Sonnige Septembertage fühlen sich noch wie Sommer an, aber die kühlen Morgenstunden und die ersten fallenden Blätter verraten, dass der Herbst gekommen ist.

In der Küche geht es jetzt geruhsamer zu. Statt schneller Salate und kurz gegrilltem Fleisch gibt es Gerichte, die langsam schmoren dürfen. Der Herbst schenkt uns Rote Beten und andere sättigende Wurzelgemüse-Arten, Kürbisse, Äpfel und Birnen sowie allerlei Beeren, von denen wir einige sogar kostenlos draußen in der Natur ernten können.

Kürbisse in allen Formen und Farben eignen sich nicht nur zum Schnitzen von Laternen und Gruselgesichtern. Langsam mit Knoblauch und pikanten Gewürzen im Ofen gegart schmecken sie großartig.

Mit Beginn der Jagdsaison wächst das Angebot an Wild, zu dem Wurzel- und Knollengemüse wie Topinambur, Rüben, Möhren oder Kohlrabi ausgezeichnet passt.

Frische, milchigzarte Walnüsse und Haselnüsse tauchen im Herbst ebenfalls an den Marktständen auf.

Im Frühherbst gibt es noch Weintrauben, Pflaumen und Heidelbeeren, außerdem späte Himbeeren und saftige Brombeeren. Nutzen Sie die günstigen Preise und kochen Sie leckere Marmelade, feines Gelee oder pikantes Chutney aus der reichen Ernte des Herbstes. Selbst eingemachte Köstlichkeiten sind gerade im Winter eine willkommene Erinnerung an wärmere Tage.

Wer sich mit Wildpilzen auskennt, bricht jetzt in die Wälder auf, um Pilze zu sammeln. Das nussige Aroma der edlen Steinpilze kommt am besten zur Geltung, wenn man sie einfach in etwas Butter brät oder in einer sahnigen Sauce serviert.

Wenn es kälter wird, wächst der Appetit auf wärmende, herzhafte Speisen, und man macht es sich gern mit einem Stück Kuchen und einem Becher heißer Schokolade vor dem Kaminfeuer gemütlich.

Wenn Ende November die Adventszeit beginnt, weht an manchen Straßenecken von kleinen Verkaufsständen der Duft gerösteter Esskastanien herüber. Fangen Sie ruhig schon einmal an, sich über das weihnachtliche Festmenü Gedanken zu machen.

Winter

Kalte Tage und lange dunkle Abende sind ein unmissverständliches Zeichen, dass der Winter da ist. Nun steht uns der Sinn nach sättigenden Gerichten, die uns über das nasskalte, trübe Wetter hinwegtrösten. Langsam gegarte Schmorgerichte, üppige Braten und herzhafte Suppen stehen auf dem Speisezettel. Der Grill hat Pause, stattdessen kommen Bräter und Auflaufform zum Einsatz.

Man möchte meinen, dass es im Winter nicht viel Frisches aus heimischer Ernte zu kaufen gibt. Aber bei genauem Hinsehen werden Sie eines Besseren belehrt, denn jetzt hat das Wurzelgemüse Saison. Alle Sorten können im Ofen gebacken oder zu herzhaftem Püree verarbeitet werden. Knollensellerie, Pastinaken und Kartoffeln eignen sich auch wunderbar für milde Gratins. Süßkartoffeln können für cremige Suppen verwendet werden, aber sie schmecken auch einfach in der Schale gebacken mit etwas Butter und vielleicht einer Scheibe knusprig gebratenem Speck.

Deftiger Kohl ist ein Klassiker der Winterküche. Besonders köstlich schmeckt Wirsing mit seinen runzligen Blättern, aber auch junger Rosenkohl ist ein Genuss.

Das Obstangebot ist kleiner, nur Äpfel und Birnen lassen sich gut bis in die Wintermonate lagern. Zitrusfrüchte haben Hochsaison. Sie sind bewährte Vitamin-C-Lieferanten und darum wie geschaffen, um das Immunsystem anzukurbeln und Erkältungen vorzubeugen. Greifen Sie jetzt zu Trockenfrüchten wie Rosinen oder Datteln, um Desserts und Gebäck zu süßen oder herzhaften Salaten eine besondere Note zu geben.

Fleischfans setzen im Winter meist auf Rind, aber auch Lammfleisch schmeckt sehr gut in Schmorgerichten mit deftigen Zutaten. Wenn es schneller gehen soll, probieren Sie in den ersten Wintermonaten Wildgeflügel. Um die Jahreswende herum ist das Fleisch dieser Vögel zäher und eignet sich besser zum Schmoren. Fetteres Geflügel wie Gans und Ente wird traditionell als Martins- bzw. Weihnachtsbraten serviert.

Wenn Sie im Januar den Feiertagspfunden den Kampf ansagen möchten, sind mageres Wild oder Geflügel und knackige Wintersalate eine gute Wahl. Greifen Sie zwischendurch auch großzügig ins Gewürzregal und heizen Sie dem Stoffwechsel ab und zu mit einem scharfen Curry oder Chili ein.

Frühling

Der Frühling weckt Vorfreude und bringt uns in Schwung. Gibt es eine bessere Zeit, um mit Obst und Gemüse aus erster Ernte kulinarische Experimente zu wagen? Winterliches Wurzelgemüse muss jetzt den ersten frischen Salaten weichen. Schnittlauch, Minze und andere Kräuter sorgen dafür, dass Saucen und Dressings leichter und erfrischender schmecken. Probieren Sie einmal kalte Suppen und Plätzchen, die nicht gebacken werden müssen, oder servieren Sie anstelle üppiger Winterdesserts Rhabarber und anderes frisches Obst.

Frühlingsgemüse mit Sardellen-Tomaten-Sauce

Für 4 Personen

800 g küchenfertiges Frühlingsgemüse, z. B. Selleriestangen, Spargel, Brokkoliröschen und Artischockenherzen

Ciabatta, in mundgerechte Würfel geschnitten, nach Belieben geröstet

Bagna Cauda

185 ml natives Olivenöl extra

3 Knoblauchzehen, in dünne Scheiben geschnitten

50 g Sardellenfilets in Olivenöl (Konserve), abgetropft

1 EL Butter (nach Belieben)

3–4 sonnengetrocknete Tomaten in Öl, abgetropft und sehr fein gehackt

4–5 frische Basilikumblätter, zerpflückt

Diese leckere Variante der klassischen italienischen Bagna Cauda bekommt durch sonnengetrocknete Tomaten ihre besondere Würze.

1 Die Gemüsesorten wie Spargel, Artischockenherzen (und Brokkoli, falls gewünscht) separat in kochendem Wasser bissfest garen. Abgießen und abkühlen lassen.

2 Das Gemüse mit den Brotwürfeln auf einer Platte anrichten. Alternativ das Brot in einem Körbchen servieren.

3 Für die Sauce Öl, Knoblauch und Sardellenfilets in einen Topf geben. Die Sardellenfilets mit einer Gabel zerdrücken und unter ständigem Rühren 3–4 Minuten bei sehr niedriger Temperatur erhitzen, bis sie sich mit dem Öl verbunden haben. Der Knoblauch sollte glasig sein. Nicht zu heiß werden lassen, sonst wird der Knoblauch braun und bitter. Die Butter und die sonnengetrockneten Tomaten einrühren.

4 Die Mischung in eine kleine Servierschüssel füllen und das Basilikum unterrühren. Sofort zum vorbereiteten Gemüse und dem Brot servieren.

Kleine Tartes mit Frühlingszwiebeln, Erbsen und Ricotta

Milder Ricotta gibt der Füllung der knusprigen Tartes ihr mildes Aroma.

1 Für den Teig Mehl und Salz in eine Schüssel sieben. Die Butter zugeben und alles mit den Fingern zu einer feinkrümeligen Masse verreiben. Das Ei zugeben, dann so viel kaltes Wasser zufügen, dass ein glatter Teig entsteht. Abgedeckt 30 Minuten in den Kühlschrank stellen.

2 Den Backofen auf 190 °C vorheizen. Ein Muffinblech mit 12 Vertiefungen dünn einfetten.

3 Den Teig auf einer bemehlten Arbeitsfläche 3–4 mm dick ausrollen. Mit einer Ausstechform oder einem Glas Kreise ausstechen, die groß genug sind, um die Vertiefungen des Muffinblechs damit auszukleiden. Die Teigkreise in die Vertiefungen drücken, auf jeden ein Stück Backpapier und eine Handvoll Backbohnen geben.

4 Den Teig im vorgeheizten Backofen 4–5 Minuten goldbraun und knusprig backen. Backbohnen und Papier entfernen.

5 Inzwischen für die Füllung Ricotta und Pecorino in einer Schüssel verrühren. Ei, Frühlingszwiebeln und Erbsen untermischen. Die Pfefferkörner fein hacken und unterrühren. Mit Salz und Pfeffer aus der Mühle abschmecken.

6 Die Füllung in die Teigschalen füllen und 10 Minuten goldbraun backen. Warm servieren.

Ergibt 12 Stück

Teig

200 g Mehl, plus etwas mehr zum Bestäuben

1 Prise Salz

125 g Butter, gewürfelt, plus etwas mehr zum Einfetten

1 Eigelb

Füllung

250 g Ricotta

100 g Pecorino

1 Ei, verquirlt

12 Frühlingszwiebeln, fein gehackt

2 EL frisch ausgelöste Erbsen oder TK-Erbsen, kurz gegart und abgekühlt

1 TL grüne Pfefferkörner in Lake, abgetropft

Salz und Pfeffer

Crostini mit Brokkoli und Bärlauch

Für 6 Personen

500 g Brokkoli, Stiele so gekürzt, dass die Röschen auf die Crostini passen

120 ml Olivenöl

1 kleines Bund Bärlauch, gehackt

1–2 rote Chilis, entkernt und fein gehackt

6 Scheiben kräftiges Baguette

Salz und Pfeffer

Crostini werden normalerweise dünn mit Olivenöl bestrichen. Hier sorgt ein Belag aus Bärlauch und Chili für den besonderen Kick.

1 Den Backofen auf 190 °C vorheizen.

2 Den Brokkoli in einem großen Topf mit leicht gesalzenem Wasser 5–8 Minuten bissfest garen. Gut abtropfen lassen und zur Seite stellen.

3 Etwa ein Drittel des Öls in einem Wok oder einer großen Pfanne bei hoher Temperatur erhitzen. Bärlauch und Chili darin unter ständigem Rühren 2 Minuten braten. Den Brokkoli zufügen, mit Salz und Pfeffer würzen und 3–4 Minuten unter ständigem Rühren braten, bis er heiß und knusprig ist.

4 Inzwischen die Baguettescheiben gleichmäßig mit dem restlichen Öl beträufeln und im vorgeheizten Backofen 10 Minuten knusprig goldbraun rösten.

5 Die Brokkolimischung auf die Crostini verteilen, mit frisch gemahlenem Pfeffer bestreuen und sofort servieren.

Butter schmeckt zu Spargel einfach wunderbar. Lassen Sie sich diesen Frühlingsgenuss nicht entgehen!

1 Den Backofen auf 200 °C vorheizen.

2 Die Spargelstangen nebeneinander auf ein großes Backblech legen. Mit dem Öl beträufeln, nach Geschmack mit Salz und Pfeffer würzen und im vorgeheizten Backofen 10 Minuten bissfest garen.

3 Inzwischen für die Sauce den Zitronensaft in einen Topf geben. Das Wasser zufügen und etwa 1 Minute erhitzen. Dann die Butter Würfel für Würfel zufügen und dabei ständig rühren, bis eine homogene Mischung entstanden ist. Mit Pfeffer abschmecken und sofort zum Spargel servieren.

Spargel mit Zitronen-Buttersauce

Für 4 Personen

800 g Spargel, geputzt

1 EL Olivenöl

Salz und Pfeffer

Sauce

Saft von ½ Zitrone

2 EL Wasser

100 g Butter, gewürfelt

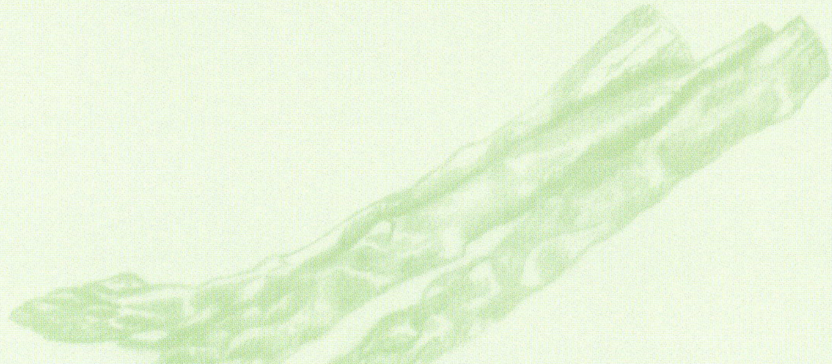

Pasta mit Honig-Chicorée und gerösteten Walnüssen

Für 4 Personen

3 EL Olivenöl

2 Knoblauchzehen, zerdrückt

3 Köpfe Chicorée oder ½ Spitzkohl, in mundgerechte Stücke geschnitten

1 EL flüssiger Honig

100 g Walnusskerne

500 g Penne

Salz und Pfeffer

Honig bildet ein wunderbares Gegengewicht zum zartbitteren Chicorée. Walnüsse runden das ungewöhnliche Nudelgericht ab.

1 Das Öl auf niedriger Stufe in einer Pfanne erhitzen. Knoblauch und Chicorée darin unter ständigem Rühren 3–4 Minuten dünsten, bis der Chicorée zusammenfällt. Honig und Walnusskerne zugeben und unter gelegentlichem Rühren weitere 4–5 Minuten garen. Mit Salz und Pfeffer abschmecken.

2 Inzwischen die Nudeln in einem großen Topf mit Salzwasser nach Packungsanweisung bissfest garen. Abgießen, mit der Chicoréemischung vermengen und sofort servieren.

Tipp

Sie können das Gericht vor dem Servieren noch mit etwas frisch geriebenem Parmesan bestreuen.

Porree mit Zitronenbutter und Arme-Leute-Parmesan

Seit Jahrhunderten serviert man in einigen Gegenden Italiens knusprig gebratene Weißbrotbrösel als preiswerten Ersatz für Parmesan. Die Brösel schmecken zu vielen Gerichten gut. Hier geben sie zitronig-frischem Porree mit Butter und geschmolzenem Mascarpone Biss.

Für 6 Personen

9 dicke Porreestangen, geputzt und längs halbiert

Saft und abgeriebene Schale von 1 unbehandelten Zitrone

1 TL Zucker

3 EL Butter

5 EL Mascarpone

Salz und Pfeffer

Arme-Leute-Parmesan

30 g Butter

50 g frische Ciabatta-Brösel

1 Den Backofen auf 190 °C vorheizen.

2 Die halbierten Porreestangen nebeneinander in eine Auflaufform legen. Mit dem Zitronensaft beträufeln, dann gleichmäßig mit Zitronenschale und Zucker bestreuen. Nach Geschmack mit Pfeffer würzen und die Butterflöckchen gleichmäßig darauf verteilen. Im vorgeheizten Backofen 15 Minuten garen, bis der Porree weich und goldbraun wird.

3 Inzwischen für die Bröselmischung die Butter bei mittlerer Temperatur in einer Pfanne zerlassen. Die Brösel zugeben und unter ständigem Rühren goldbraun und knusprig braten. Mit etwas Salz und Pfeffer würzen und zur Seite stellen.

4 Den Porree aus dem Ofen nehmen. Mascarpone-Flöckchen gleichmäßig darauf verteilen, dann die Brösel darüberstreuen und wieder in den Ofen schieben. 5 Minuten überbacken, bis der Mascarpone geschmolzen ist und die Brösel heiß und knusprig sind. Sofort servieren.

Lachs mit warmem Zitronen-Oliven-Dressing

Für 4 Personen

2 EL Olivenöl

4 Lachsfilets mit Haut (ca. 175 g)

Saft von ½ Zitrone

Salz

Olivendressing

1 Handvoll frische Basilikumblätter

2 EL frische Schnittlauchröllchen

1 Knoblauchzehe, zerdrückt

1 TL körniger Senf

½ TL Zucker

Saft von ½ Zitrone

180–200 ml natives Olivenöl extra

Schale von ½ eingelegten Zitrone, fein gehackt

10 schwarze Oliven, entsteint und fein gehackt

Ein schnelles, ganz einfaches Rezept. Bio-Lachs ist in Geschmack und Konsistenz dem Fisch aus Aquakultur weit überlegen und zudem die umweltfreundlichere Wahl. Dazu schmecken neue Kartoffeln mit Butter.

1 Den Backofen auf 200 °C vorheizen.

2 Für das Dressing Kräuter, Knoblauch, Senf, Zucker, Zitronensaft und Öl in einem Mixer verrühren. In einen kleinen Topf geben, Zitronenschale und Oliven zufügen und auf niedriger Stufe erhitzen.

3 Inzwischen das Öl bei mittlerer Temperatur in einer Pfanne erhitzen. Den Lachs mit der Haut nach unten hineinlegen und 3 Minuten braten, bis die Haut goldbraun und knusprig ist. Dann den Fisch mit der Haut nach oben in einen Bräter legen, mit Zitronensaft beträufeln und mit etwas Salz bestreuen.

4 Im vorgeheizten Backofen 5 Minuten backen, bis der Fisch gerade gar ist. Die genaue Garzeit hängt von der Dicke der Fischstücke ab. Sofort mit dem Dressing servieren.

Für 4 Personen

3 EL Olivenöl

1 Zwiebel, in Ringe geschnitten

100 g durchwachsener Speck, gewürfelt

1 Spitzkohl oder junger Wirsing, in Streifen geschnitten

1–2 TL Wacholderbeeren, leicht zerdrückt

Salz und Pfeffer

Frühlingskohl mit Wacholder und Speck

Diese Gemüsebeilage passt zu gebratenem Fleisch oder Geflügel, ist aber auch eine milde Ergänzung zu fetthaltigen Fischsorten wie Lachs.

1 Das Öl in einem Wok oder in einer großen Pfanne bei mittlerer bis hoher Temperatur erhitzen. Die Zwiebel darin unter gelegentlichem Rühren 3–4 Minuten glasig dünsten, aber nicht braun werden lassen. Die Speckwürfel zufügen und unter gelegentlichem Rühren 3–4 Minuten mitgaren.

2 Inzwischen den Kohl bissfest dünsten.

3 Den gedünsteten Kohl und die Wacholderbeeren in die Pfanne geben und unter ständigem Rühren 3–4 Minuten mitgaren, bis der Kohl glänzt. Mit Salz und Pfeffer abschmecken und sofort servieren.

Lammfilet in Pfefferkruste mit Zwiebel-Gorgonzola-Gratin

Der köstliche Gratin ist eine wunderbare Beilage zu gebratenem Fleisch jeder Art.

1 Den Backofen auf 180 °C vorheizen. Eine Auflaufform dünn mit Butter einfetten.

2 Die Zwiebeln gleichmäßig in die vorbereitete Form schichten. Den Sherry darübergießen, dann den Thymian darüberstreuen und mit Salz und Pfeffer würzen. Mascarponeflöckchen gleichmäßig auf den Zwiebeln verteilen, dann den zerbröselten Gorgonzola darüberstreuen. Im vorgeheizten Ofen 30–40 Minuten backen, bis die Zwiebeln weich und goldbraun sind und die Käsemischung Blasen wirft.

3 Inzwischen die Lammfilets mit 1 Esslöffel Öl einpinseln und mit etwas Salz bestreuen. In den zerstoßenen Pfefferkörnern wälzen. Das restliche Öl bei hoher Temperatur in einer Pfanne erhitzen. Die Lammfilets darin von jeder Seite 3–4 Minuten kräftig braten. 5 Minuten ruhen lassen, dann in Scheiben schneiden und sofort mit dem Gratin servieren.

Tipp
Dazu schmecken geröstete Kartoffeln und dunkelgrünes Gemüse wie Spinat oder Brokkoli.

Für 4 Personen

900 g Lammfilet

3 EL Olivenöl

2–3 EL schwarze Pfefferkörner, grob zerstoßen

Zwiebelgratin

Butter, zum Einfetten

6 Zwiebeln, in Ringe geschnitten

3–4 EL trockener Sherry oder Weißwein

1 EL frische Thymianblätter

3–4 EL Mascarpone

150 g Gorgonzola, zerbröselt

Salz und Pfefferkörner, zerstoßen

grünes Gemüse, z. B. Brokkoli, zum Servieren

Sahnemorcheln auf Spinat-Polenta-Talern

Morcheln und Sahne sind ein unwiderstehliches Gespann. Auf knusprigen Polenta-Talern mit Spinat eignen sie sich gut als Zwischengang für ein vegetarisches Menü – aber sie werden auch Fleischfans begeistern.

Für 4–6 Personen

6 Handvoll frische Morcheln

3 EL Olivenöl

4 Schalotten, fein gehackt

2 Knoblauchzehen, zerdrückt

100 ml Marsala

200 g Sahne

2 EL körniger Senf

1 kleines Bund frischer Estragon, fein gehackt, plus einige Blätter zum Garnieren

Salz und Pfeffer

Spinat-Polenta-Taler

1 l kräftige Gemüsebrühe

250 g Polenta

100 g frischer Parmesan, gerieben

2 Handvoll junger Spinat, grob zerpflückt

2 TL grob zerstoßene schwarze Pfefferkörner

100 g weiche Butter

Olivenöl, zum Einfetten

1 Für die Polenta-Taler die Brühe sprudelnd aufkochen lassen. Die Polenta langsam einrieseln lassen, dabei mit einem großen Schneebesen ständig rühren. Gemäß Packungsanweisung garen. Wenn die Masse gar ist, mit einem Kochlöffel Parmesan, Spinat, Pfeffer und die Hälfte der Butter unterrühren. Abschmecken und bei Bedarf nachwürzen.

2 Die Masse auf ein leicht eingeöltes Backblech geben, mit einem Palettmesser glätten und abkühlen lassen. Dann mit einer runden Ausstechform (10 cm) die gewünschte Anzahl von Talern ausstechen.

3 Die Morcheln halbieren und vorsichtig waschen. Dabei Sand und Erde sorgfältig entfernen. Mit Küchenpapier trocken tupfen. Das Öl auf mittlerer Stufe in einem Topf erhitzen. Schalotten und Knoblauch darin 3–4 Minuten glasig dünsten. Die Morcheln zufügen und unter ständigem Rühren 2 Minuten garen. Den Marsala zugeben, kurz aufkochen, dann Sahne, Senf und Estragon einrühren. Mit Salz und Pfeffer abschmecken. Warm halten.

4 Die restliche Butter bei hoher Temperatur in einer Pfanne erhitzen. Die Polenta-Taler darin von jeder Seite 3–4 Minuten knusprig und goldbraun braten. Die Sahnemorcheln darauf verteilen, mit Estragon garnieren und sofort servieren.

Tipp

Waschen Sie die Morcheln gründlich, um Sand und Erde restlos zu entfernen – aber bitte erst unmittelbar vor der Zubereitung, damit Geschmack und Konsistenz nicht leiden.

Wenn Sie Zeit und anstrengende Rührarbeit sparen wollen, kaufen Sie Instant-Polenta.

Orangen-Mandel-Tarte

Für 6 Personen

Teig

175 g weiche, gesalzene Butter

50 g Zucker

1 Eigelb

275 g Mehl, gesiebt, plus etwas mehr zum Bestäuben

Füllung

1 unbehandelte Orange

125 g Butter

200 g Zucker

2 Eier, verquirlt

100 g gemahlene Mandeln

Ihr intensives Orangenaroma verdankt die Tarte einer ganzen Orange, die püriert wird. Servieren Sie sie kalt mit leicht geschlagener Sahne, Vanille- oder Schokoladeneis.

1 Für den Teig Butter und Zucker in einer Schüssel hell und schaumig aufschlagen. Das Eigelb gründlich unterrühren. Langsam das Mehl zugeben und zügig unterkneten, bis sich eine Kugel formen lässt. Nicht zu lange kneten. Den Teig in 2 Portionen teilen. Eine Hälfte einfrieren. Die andere Hälfte in Frischhaltefolie wickeln und bei Zimmertemperatur 20 Minuten ruhen lassen.

2 Den Teig auf einer bemehlten Arbeitsfläche ausrollen und eine Tarte-Form mit herausnehmbaren Boden (20 cm) damit auslegen. Bis zur weiteren Verwendung in den Kühlschrank stellen.

3 Den Backofen auf 180 °C vorheizen.

4 Für die Füllung die Orange mit etwas Wasser in eine mikrowellenfeste Schüssel geben. Mit Frischhaltefolie abdecken und auf hoher Stufe 6–8 Minuten garen, bis die Orange sehr weich ist. Alternativ die Orange in einem Topf mit Wasser bedecken und 40 Minuten köcheln lassen, bis sie weich ist. Die Orange etwas abkühlen lassen, dann halbieren und die Kerne entfernen. Die Orange in einem Mixer glatt pürieren. Butter, Zucker, Eier und Mandeln zufügen und nochmals mixen.

5 Die Mischung auf den Teig streichen und im vorgeheizten Backofen 40 Minuten backen, bis die Orangenmasse fest ist. Aus dem Ofen nehmen und abkühlen lassen. In Stücke schneiden und servieren.

Tipp

Die Teigmenge reicht für 2 Tartes. Weil aber nur 1 Eigelb verwendet wird, wäre es unpraktisch, eine kleinere Menge Teig zuzubereiten. Frieren Sie einfach die zweite Portion Teig ein.

Ergibt 12 Stück

250 g Rhabarber

125 g Butter, zerlassen und abgekühlt

100 ml Milch

2 Eier, verquirlt

200 g Mehl

2 TL Backpulver

125 g Zucker

3 EL Rosinen

3 Stücke kandierter Ingwer, gehackt

Rhabarber-Muffins mit Ingwer und Rosinen

Die fruchtig-pikanten Rhabarber-Muffins schmecken mit einem Klecks Joghurt auch zum Frühstück.

1 Den Backofen auf 190 °C vorheizen. Papierförmchen in die 12 Vertiefungen eines Muffinblechs setzen.

2 Den Rhabarber in 1 cm lange Stücke schneiden. Zerlassene Butter und Milch in einer großen Schüssel mit den Eiern verrühren. Mehl und Backpulver sieben und zusammen mit dem Zucker unterheben. Rhabarber, Rosinen und Ingwer untermischen.

3 Den Teig in die Papierförmchen füllen und im vorgeheizten Ofen 15–20 Minuten backen, bis die Muffins goldbraun und aufgegangen sind und auf Fingerdruck leicht nachgeben. Warm servieren.

Bananen-Dessert mit braunem Zucker und Pekannüssen

Für 4 Personen

50 g Pekannusskerne

1 TL weißer Zucker

750 g griechischer Joghurt

3 EL brauner Zucker

3 reife Bananen

Wenn reife Bananen schnell verbraucht werden müssen, probieren Sie dieses Rezept. Die Pekannüsse werden mit Zucker geröstet und haben ein herrliches Aroma.

1 Den Backofen auf 190 °C vorheizen.

2 Die Pekannüsse mit dem weißen Zucker mischen, dann auf einem Backblech verteilen und im vorgeheizten Backofen 4–5 Minuten goldbraun rösten. Aus dem Ofen nehmen, abkühlen lassen und grob hacken.

3 Den Joghurt in eine große Schüssel füllen und den braunen Zucker gleichmäßig auf die Oberfläche streuen. 5 Minuten stehen lassen, bis der Zucker sich auflöst, dann ungleichmäßig unterheben, sodass der Joghurt wie marmoriert aussieht.

4 Die Bananen schälen, in Scheiben schneiden und auf vier Dessertgläser verteilen. Den Joghurt vorsichtig daraufgeben, der Marmoreffekt soll erhalten bleiben. Mit den gerösteten Pekannüssen bestreuen und sofort servieren.

Tipp

Damit das Dessert schön cremig schmeckt, sollten Sie keinen fettreduzierten Joghurt verwenden.

Flambierte Ananas mit Kokosmakronen

Für dieses Rezept können Sie auch Pflaumen, Birnen, Bananen oder Äpfel verwenden. Tauschen Sie einfach den Likör gegen eine passende Alternative aus, zum Beispiel Calvados zu Äpfeln oder dunklen Rum zu Bananen.

1 Den Backofen auf 160 °C vorheizen. Ein Backblech dünn einfetten

2 Für die Kokosmakronen die Kokosraspel in einer großen Schüssel mit Zucker und zerlassener Butter gleichmäßig verrühren. Das Ei zugeben und sorgfältig untermischen. Aus der Masse kleine Pyramiden formen. Das geht am einfachsten mit einer kleinen Dariole-Form (für Crème caramel) oder einem Schnapsglas. Die Berge auf das vorbereitete Backblech stürzen und im vorgeheizten Backofen 15 Minuten goldbraun backen. Auf einem Küchengitter abkühlen lassen.

3 Einen Wok oder eine Pfanne bei hoher Temperatur erhitzen und die Butter darin zerlassen. Die Ananas unter häufigem Rühren 4–5 Minuten braten. Den Zucker einrühren und alles weitere 3–4 Minuten garen, bis die Ananas weich ist, aber noch nicht zerfällt. Den Rum zugießen und anzünden.

4 Sobald die Flammen erloschen sind, die Ananas mit einer Kugel Vanilleeis oder einem Klecks saurer Sahne (nach Belieben) und den Kokosmakronen servieren.

Für 6 Personen

55 g Butter

Fruchtfleisch von 1 reifen Ananas, grob gewürfelt

125 g Zucker

3–4 EL Rum oder Kokoslikör

Vanilleeis oder saure Sahne, zum Servieren (nach Belieben)

Kokosmakronen

200 g Kokosraspel

65 g Zucker

55 g Butter, zerlassen und abgekühlt, plus etwas mehr zum Einfetten

1 Ei, verquirlt

Heiße Apfelkrapfen mit Muskateis

Für 6 Personen

85 g Mehl

40 g Speisestärke

1 Prise Salz

1 TL Backpulver

1 Ei

160 ml eiskaltes Wasser

5 säuerliche Äpfel, entkernt und in Ringe geschnitten

Sonnenblumenöl oder raffiniertes Olivenöl, zum Frittieren

Zucker, zum Bestreuen

Muskateis

250 g Sahne

180 ml Vollmilch

4 Eigelb

125 g Zucker

1 Prise Salz

frisch geriebene Muskatnuss (nach Geschmack)

Würziges Muskateis ist eine interessante Ergänzung zu den herben Apfelkrapfen im knusprigen Ausbackteig.

1 Für das Eis Sahne und Milch in einem Topf bis kurz vor den Siedepunkt erhitzen. Eigelb, Zucker und Salz in einer Schüssel verrühren. Die heiße Sahne zur Eigelbmischung gießen und gut verrühren, dann durch ein feines Sieb gießen. Mit etwas Muskatnuss abschmecken und abkühlen lassen. In einer Eismaschine gemäß Herstelleranweisung gefrieren oder im Gefriergerät tiefkühlen, bis die Masse fast fest ist. Mit einem Schneebesen durchrühren, damit sich keine Eiskristalle bilden. Wieder einfrieren. 10–15 Minuten vor dem Servieren aus dem Tiefkühler nehmen und antauen lassen.

2 Inzwischen Mehl, Speisestärke, Salz und Backpulver in eine große Schüssel sieben. Eier und Eiswasser zugeben und alles zu einem glatten Teig verrühren.

3 Das Öl in einer Fritteuse oder einem Topf auf 180–190 °C erhitzen, oder bis ein Brotwürfel darin innerhalb von 30 Sekunden bräunt. Die Apfelringe in den Teig tauchen, dann im heißen Öl goldbraun frittieren. Mit einem Schaumlöffel aus dem Öl heben und auf Küchenpapier abtropfen lassen.

4 Die Apfelkrapfen mit Zucker bestreuen und sofort mit Muskateis servieren.

Sommer

Im Sommer ist die Auswahl an frischem Obst und Gemüse riesig und viele Sorten lassen sich mit minimalem Aufwand im Handumdrehen zubereiten. Frisches Obst und Sommergemüse hat einen hohen Wassergehalt, es erfrischt und löscht den Durst – genau richtig an heißen Sonnentagen. Statt viel Zeit in der Küche zu verbringen, bereiten Sie jetzt lieber köstlich-knackige Salate oder blitzschnelle Wokgerichte zu. Oder planen Sie ein Picknick mit Köstlichkeiten, die sich gut vorbereiten lassen.

Tintenfischsalat mit Chili, Brunnenkresse und Spinat

Der pikante Salat mit frischem Tintenfisch ist eine tolle Beilage für eine Gartenparty.

1 Alle Zutaten für das Dressing in einer Schüssel verrühren. Mit Salz und Pfeffer abschmecken, dann abdecken und bis zur weiteren Verwendung in den Kühlschrank stellen.

2 Die Kalmarmäntel in 5 cm große Stücke schneiden und mit einem scharfen Messer ein Rautenmuster in die Oberfläche ritzen. Das Öl bei hoher Temperatur in einem Wok oder in einer großen Pfanne erhitzen. Die Kalmarmäntel und -arme darin 1 Minute braten. Chilis und Frühlingszwiebeln zugeben und unter ständigem Rühren 1 Minute mitbraten. Mit Salz und Pfeffer abschmecken und großzügig mit Zitronensaft beträufeln.

3 Brunnenkresse und Spinat mischen, dann so viel Dressing zugeben, dass die Blätter dünn damit überzogen sind. Mit dem Tintenfisch vermengen und sofort servieren. Zitronenspalten zum Beträufeln dazu reichen.

Für 4 Personen

750 g küchenfertiger Kalmar (Mäntel und Arme), in mundgerechte Stücke geschnitten

2–3 EL Olivenöl

1–2 rote Chilis, entkernt und in dünne Scheiben geschnitten

2 Frühlingszwiebeln, fein gehackt

Zitronenspalten, zum Servieren

3 Handvoll Brunnenkresse

2 Handvoll junger Spinat oder Rucola

Salz und Pfeffer

Dressing

100 ml Olivenöl

Saft von 1 Limette

1 TL Zucker

2 Schalotten, in feine Ringe geschnitten

1 Tomate, gehäutet, entkernt und fein gehackt

1 Knoblauchzehe, zerdrückt

Schnelles Hähnchen-Laksa

Lecker als erster Gang eines thailändischen Menüs oder als schnelles Abendessen in der Woche.

Für 4 Personen

850 ml Kokosmilch (Konserve)

200 ml Hühnerbrühe

2–3 EL Laksa-Paste

500 g Hähnchenbrustfilet, in Streifen geschnitten

250 g Cocktailtomaten, halbiert

250 g Zuckererbsen, schräg halbiert

200 g Reisnudeln

1 Bund frischer Koriander, grob gehackt

1 Kokosmilch und Brühe in einen Topf geben und die Laksa-Paste einrühren. Die Fleischstreifen zugeben und alles bei niedriger Temperatur 10–15 Minuten köcheln lassen, bis das Fleisch gar ist.

2 Tomaten, Zuckererbsen und Nudeln einrühren. Weitere 2–3 Minuten köcheln lassen, mit Koriander bestreuen und sofort servieren.

Tipp

Laksa-Paste gibt es in gut sortierten Supermärkten und in Asia-Shops.

Panierter Fenchel mit pikanter Paprika-Mayo

Für 6 Personen

3 Fenchelknollen, geputzt

100 g Semmelbrösel

100 g Parmesan

2 TL Fenchelsamen (nach Belieben)

1 Ei

Sonnenblumenöl, zum Frittieren

Salz und Pfeffer

Zitronenspalten, zum Servieren

Paprika-Mayo

2 rote Paprika

1 Ei

1 TL Dijon-Senf

2–3 EL Weißweinessig

1 Prise Salz

280 ml Sonnenblumenöl

2 rote Chilis, entkernt und gehackt

Diese Fenchelscheiben in würziger Parmesan-Panade sind eine tolle Vorspeise. Sie können auch als Gemüsebeilage oder vegetarisches Hauptgericht serviert werden. Dazu schmecken geröstete Tomaten.

1 Für die Mayonnaise die Paprika einzeln mit einer Zange über eine Gasflamme halten und rundherum rösten, bis sie schwarz sind. Das dauert etwa 8–10 Minuten. Alternativ den Backofen auf 220 °C vorheizen, die Paprika auf ein Backblech legen und unter häufigem Wenden 10–15 Minuten rösten, bis sie rundherum schwarz sind.

2 Die Paprika in einen Gefrierbeutel legen. Abkühlen lassen, dann die verkohlte Haut abziehen und das Innere mit den Kernen entfernen.

3 Ei, Senf, Essig und Salz in einem Mixer gründlich verrühren. Bei laufendem Motor langsam ein Drittel des Öls in einem dünnen Strahl zugießen. Wenn die Mischung eindickt, kann das restliche Öl zügiger zugegeben werden. Nach dem Öl die Chilis und das Paprika- Fruchtfleisch zufügen und alles gründlich mixen. Kräftig mit Pfeffer aus der Mühle abschmecken, dann abdecken und bis zur weiteren Verwendung in den Kühlschrank stellen.

4 Die Fenchelknollen in leicht gesalzenem Wasser in etwa 15 Minuten bissfest garen. Abgießen und abkühlen lassen, dann in Scheiben schneiden.

5 Weißbrotbrösel und Parmesan mischen und nach Geschmack die Fenchelsamen unterrühren. Mit Salz und Pfeffer abschmecken. Die Bröselmischung auf einem großen Teller verteilen. Das Ei in einem Suppenteller verquirlen und mit Salz und Pfeffer würzen. Die Fenchelscheiben erst im Ei, dann in den Bröseln wenden. Die Brösel gut andrücken.

6 Eine große Pfanne etwa 1 cm hoch mit Öl füllen. Bei mittlerer Temperatur erhitzen, dann die panierten Fenchelscheiben darin goldbraun frittieren. Zwischendurch einmal wenden. Aus dem Öl nehmen und auf Küchenpapier abtropfen lassen. Sofort mit der Paprika-Mayo servieren. Zitronenspalten zum Beträufeln dazu reichen.

Sommersalat mit Hummer und Safranmayonnaise

Dies ist ein herrlich leichtes Mittag- oder Abendessen, es kann aber auch als feine Vorspeise serviert werden.

1 Für die Mayonnaise die Safranfäden in etwas warmem Wasser einweichen. Inzwischen Ei, Senf, Essig und Salz in einem Mixer gut verrühren. Bei laufendem Motor langsam ein Drittel des Sonnenblumenöls zugießen. Wenn die Mischung andickt, kann das restliche Öl zügiger untergerührt werden. Anschließend den Safran mit dem Einweichwasser zugeben und gut durchmixen. Mit Salz und Pfeffer abschmecken, abdecken und bis zum Servieren in den Kühlschrank stellen.

2 Hummerfleisch und Avocadowürfel in eine Schüssel geben. Die Tomaten vierteln und entkernen. Das Fleisch grob würfeln und in die Schüssel geben. Mit Salz und Pfeffer abschmecken. So viel Mayonnaise unterrühren, dass alle Zutaten dünn damit überzogen sind.

3 Den Blattsalat mit Olivenöl und Zitronensaft mischen, auf vier Teller verteilen und die Hummer-Mischung darauf anrichten. Sofort servieren.

Für 4–6 Personen

750–800 g frisch gekochtes Hummerfleisch, in mundgerechte Stücke geschnitten

1 große Avocado, geschält, entkernt und in mundgerechte Stücke geschnitten

4 reife, aber feste Tomaten

250 g gemischte Salatblätter

1–2 EL mildes Olivenöl

Zitronensaft, zum Beträufeln

Salz und Pfeffer

Safranmayonnaise

1 Prise Safranfäden

1 Ei

1 TL Dijon-Senf

1 EL Weißweinessig

1 Prise Salz

280 ml Sonnenblumenöl

Gegrillte Rindfleischspieße mit Kürbis-Panzanella

Für 4–6 Personen

4 Filetsteaks (à ca. 150 g)

2–3 EL Olivenöl

Salz und Pfeffer

Kürbis-Panzanella

2 Butternut-Kürbisse

180 ml natives Olivenöl extra

1 Ciabatta vom Vortag

2 Selleriestangen, in Scheiben geschnitten

1 rote Zwiebel, halbiert und in dünne Ringe geschnitten

1 rote Paprika, entkernt und in schmale Streifen geschnitten

250 g Datteltomaten, halbiert

12 Sardellenfilets in Olivenöl (Konserve), abgespült und gehackt (nach Belieben)

1 kleine Salatgurke

3 EL Rotweinessig

2 Knoblauchzehen, zerdrückt

1 Bund frisches Basilikum, grob zerpflückt

Meersalzflocken

Panzanella kann enttäuschen, wenn das Brot matschig und von Öl durchtränkt ist. Hier werden knusprige Ciabattawürfel mit süßlichem gerösteten Kürbis und anderen feinen Zutaten zu einem Salat kombiniert, der wunderbar zu gegrillten Rindfleischspießen schmeckt.

1 Den Backofen auf 200 °C vorheizen. 16–20 Holzspieße 30 Minuten in kaltem Wasser einweichen.

2 Zuerst die Panzanella zubereiten. Den Kürbis schälen, die Kerne herauslösen und aufbewahren. Das Kürbisfleisch in 2 cm große Würfel schneiden und in einem Bräter verteilen. Die Fasern von den Kernen entfernen, dann die Kerne zu den Kürbiswürfeln geben. Mit etwas Olivenöl beträufeln und mit Meersalzflocken bestreuen. Im vorgeheizten Backofen 25 Minuten garen, bis der Kürbis weich und gebräunt ist.

3 Inzwischen die Ciabatta in kleine Würfel schneiden, mit etwas vom restlichen Olivenöl beträufeln und mit Meersalzflocken bestreuen. Im Backofen 10 Minuten rösten, bis die Brotwürfel knusprig und goldbraun sind.

4 Sellerie, Zwiebel, Paprika, Tomaten und Sardellen (falls verwendet) in eine große Schüssel geben. Die Gurke längs halbieren, die Kerne herausschaben, das Fleisch in dünne Scheiben schneiden und in die Schüssel geben. Gebackenen Kürbis, Kürbiskerne und geröstete Brotwürfel zufügen. Den Essig mit Knoblauch und dem restlichen Öl verrühren. Mit Salz und Pfeffer abschmecken und über den Salat gießen. Das Basilikum zufügen und alles gründlich mischen, sodass die Brotwürfel mit Dressing überzogen sind. Der Salat sollte möglichst eine Stunde ruhen, damit sich die Aromen entfalten und die Brotwürfel etwas weich werden.

5 Einen Grill auf hoher Stufe vorheizen oder den Gartengrill anheizen. Die Steaks längs in 1 cm breite Streifen schneiden, mit Olivenöl einpinseln und mit Salz und Pfeffer würzen. Wellenförmig aufspießen und nach Belieben grillen: blutig (ca. 1 Minute von jeder Seite), medium (2 Minuten) oder durchgegart (außen dunkelbraun).

Frittierte Zucchiniblüten

Für 4–6 Personen

100 g Mehl

2 TL Backpulver

1 EL natives Olivenöl extra

1 Ei, verquirlt

200–250 ml eiskaltes Wasser

Olivenöl, zum Frittieren

16–20 Zucchiniblüten

Salz und Pfeffer

Meersalzflocken

Zitronenspalten, zum Servieren

Zarte Zucchiniblüten frisch vom Markt in federleichtem Ausbackteig sind eine Wonne, die man nur im Sommer genießen kann.

1 Mehl und Backpulver in eine große Schüssel sieben. Olivenöl und Ei zufügen und alles mit so viel Eiswasser verrühren, dass ein Teig mit dick-sahniger Konsistenz entsteht. Die genaue Wassermenge kann je nach Mehlsorte variieren. Mit Salz und etwas Pfeffer würzen.

2 Etwa ½–1 cm hoch Öl in eine große Pfanne geben und bei hoher Temperatur erhitzen. Die Zucchiniblüten kurz in den Teig tauchen, dann portionsweise in dem heißen Öl 2–4 Minuten knusprig goldbraun frittieren. Mit einem Schaumlöffel aus dem Öl heben und auf Küchenpapier abtropfen lassen. Mit etwas Meersalz bestreuen und sofort mit Zitronenspalten zum Beträufeln servieren.

Für 4–6 Personen

500 g junge grüne Bohnen

500 g Erdbeeren

2–3 EL Pistazien

1 kleines Bund frische Minze

500 g Fetakäse (Abtropfgewicht)

Salz und Pfeffer

Dressing

2 EL Himbeeressig

2 TL Zucker

1 EL Dijon-Senf

1 Prise Salz

125 ml Olivenöl

Bohnensalat mit Feta, Minze, Erdbeeren und Pistazien

Saftige Erdbeeren zu frischer Minze und salzigem Fetakäse: eine überraschende Kombination!

1 Für das Dressing Essig, Zucker, Senf und Salz in einer Schüssel verrühren. Langsam unter ständigem Rühren das Öl zufügen, bis die Mischung dickflüssig wird. Abgedeckt in den Kühlschrank stellen.

2 Die Bohnen in einem großen Topf mit leicht gesalzenem Wasser 5 Minuten garen. Sie sollten bissfest bleiben. Abgießen und sofort in eine große, gekühlte Schüssel geben. Die Erdbeeren putzen, halbieren und zu den Bohnen geben. Pistazien und Minzeblätter untermischen. So viel Dressing unterheben, dass die Zutaten dünn damit überzogen sind.

3 Den Feta grob zerbröseln und auf den Salat streuen. Mit Pfeffer aus der Mühle würzen und sofort servieren.

Tipp

Sparen Sie nicht am Pfeffer. Wichtig ist aber, dass er nur grob gemahlen wird.

Variation

Anstelle von Himbeeressig können Sie auch Erdbeer- oder Rotweinessig verwenden.

Spaghetti mit Erbsenpesto und Dicken Bohnen

Für 4 Personen

250 g ausgelöste Dicke Bohnen

500 g Spaghetti

Salz und Pfeffer

Erbsenpesto

300 g frische, ausgelöste Erbsen

75 ml natives Olivenöl extra

2 Knoblauchzehen, zerdrückt

100 g Parmesan, frisch gerieben, plus einige Späne zum Servieren

100 g blanchierte Mandeln, gehackt

1 Prise Zucker

Frische Erbsen und milde Mandeln sind die Zutaten für den Pesto, der hier Spaghetti und junge Dicke Bohnen umhüllt. Es kostet etwas Zeit, die Bohnenkerne aus ihren Hülsen zu lösen, aber die Mühe lohnt sich!

1 Für den Pesto die Erbsen in einem Topf mit kochendem Wasser 2–3 Minuten garen. Abgießen und in einen Mixer füllen. Öl, Knoblauch und Parmesan zufügen und alles grob pürieren. Die Mandeln zugeben und nochmals mixen. Mit Zucker, Salz und Pfeffer abschmecken. Zur Seite stellen.

2 Die Dicken Bohnen in einem Topf mit kochendem Salzwasser garen, bis sie bissfest sind. Abgießen und abkühlen lassen. Die matten Häute entfernen.

3 Die Spaghetti in einem großen Topf mit leicht gesalzenem Wasser gemäß Packungsanweisung garen, bis sie al dente sind. Abgießen, dann die Dicken Bohnen untermischen und den Pesto unterrühren. Großzügig mit Pfeffer aus der Mühle würzen, mit Parmesanspänen bestreuen und sofort servieren.

Meerbrasse mit Fenchel und Tomaten-Butter-Sauce

Für 4 Personen

4 Meerbrassenfilets mit Haut (à ca. 175 g)

2 EL Olivenöl

Salz und Pfeffer

frische Petersilie, zum Garnieren

Gebackener Fenchel

4 Fenchelknollen, geputzt

1 EL Zucker

Saft von ½ Zitrone

6 EL Olivenöl

2–3 EL Pastis (nach Belieben)

Tomaten-Butter-Sauce

8 große Rispentomaten

1 EL natives Olivenöl extra

1 EL Tomatenketchup

100 g Butter, gewürfelt

Mit diesem Gericht können Sie im Sommer Gäste beeindrucken. Dazu schmecken neue Kartoffeln mit Butter.

1 Den Backofen auf 200 °C vorheizen.

2 Die Fenchelknollen längs in Scheiben schneiden und in einen Bräter legen. Mit dem Zucker bestreuen und mit dem Zitronensaft beträufeln. Mit Salz und Pfeffer würzen, dann mit dem Olivenöl beträufeln. Mit Alufolie abdecken und im vorgeheizten Backofen 30 Minuten garen. Aus dem Ofen nehmen, den Pastis zugießen (falls verwendet) und den Fenchel ohne Folie wieder in den Ofen schieben. Weitere 10 Minuten garen.

3 Inzwischen für die Sauce die Tomaten im Mixer pürieren. Durch ein Sieb streichen und in einen mittelgroßen Topf geben. Langsam erhitzen, dann Olivenöl und Ketchup einrühren. Zur Seite stellen.

4 Die Fischfilets mit etwas Olivenöl einpinseln und mit Salz und Pfeffer bestreuen. Das restliche Öl bei mittlerer bis hoher Temperatur in einer ofenfesten Pfanne erhitzen. Die Fischfilets mit der Haut nach unten hineinlegen und 1 Minute braten. Wenden und nochmals 1 Minute braten. In den Ofen schieben und noch 2–3 Minuten garen.

5 Kurz vor dem Servieren die Sauce erhitzen, die Butter in kleinen Würfeln langsam zugeben und gründlich unterrühren. Mit Salz und Pfeffer abschmecken.

6 Den Fenchel auf 4 vorgewärmte Teller verteilen. Die Fischfilets darauf anrichten, ringsherum etwas Sauce geben, mit Petersilie garnieren und servieren.

Paprika-Quiche mit Kräutern

Für 4–6 Personen

2 rote Paprika

4 EL Olivenöl

350 g TK-Blätterteig, aufgetaut

Mehl, zum Bestäuben

2 reife, feste Tomaten, in dünne Scheiben geschnitten

250 g Ricotta

100 g Parmesan, gerieben

1 TL frische Thymianblätter

1 EL frische Schnittlauchröllchen

Salz und Pfeffer

Die schnelle Quiche wird mit Fertig-Blätterteig zubereitet. Das geht ruckzuck und gelingt immer.

1 Den Backofen auf 200 °C vorheizen.

2 Die Paprika entkernen und das Fleisch in schmale Streifen schneiden. Auf ein Backblech legen und mit der Hälfte des Öls beträufeln. Mit Salz und Pfeffer würzen und im vorgeheizten Ofen 20 Minuten garen, bis sie weich sind. Aus dem Ofen nehmen und abkühlen lassen, inzwischen den Teig vorbereiten.

3 Den Teig auf einer bemehlten Arbeitsfläche ausrollen und eine Tarteform (23 cm Ø) damit auslegen. Den Boden mehrmals mit einer Gabel einstechen, damit er glatt und flach bleibt.

4 Die gerösteten Paprikastreifen gleichmäßig auf dem Teig verteilen, darauf die Tomatenscheiben legen. Mit Salz und Pfeffer würzen.

5 Den Ricotta glattrühren und auf dem Gemüse verteilen. Mit Parmesan, Thymian und Schnittlauch bestreuen und mit dem restlichen Öl beträufeln. Im vorgeheizten Ofen 20 Minuten backen, bis Teig und Käse goldbraun sind. Heiß oder kalt servieren.

Für 6 Personen

500 g Mascarpone

125 g Zucker, plus ca. 2 EL (oder nach Geschmack)

1 Vanillestange

125 g Sahne

50 ml Crème de Cassis

500 g Brombeeren

Frischkäseherzen mit Brombeeren

Sommerliche Beeren und üppiger Mascarpone sind eine himmlische Kombination. Und gesund ist dieses köstliche Dessert obendrein.

1 6 Cœur à la Crème-Formen (Herzformen mit gelochtem Boden) mit zurechtgeschnittenem Musselin auslegen..

2 Den Mascarpone in eine große Schüssel geben. 125 g Zucker zufügen. Die Vanillestange längs aufschlitzen, das Mark herausschaben und in die Schüssel geben. Die Zutaten sorgfältig verrühren.

3 In einer zweiten Schüssel die Sahne steif schlagen, dann unter die Mascarponecreme heben. Die Mischung in die vorbereiteten Formen füllen und einmal kräftig auf die Arbeitsfläche aufsetzen, damit die Oberfläche glatt wird. Die Formen auf ein Tablett stellen, das austretende Molke auffängt, und einige Stunden – besser über Nacht – in den Kühlschrank stellen.

4 Die Brombeeren 30 Minuten vor dem Servieren mit der Crème de Cassis übergießen und nach Geschmack mit dem restlichen Zucker süßen.

5 Zum Servieren die Mascarponecreme auf Portionsteller stürzen. Die Brombeeren ringsherum anrichten.

Tipp

Herzformen mit gelochtem Boden sind es in gut sortierten Fachgeschäften und Online-Shops erhältlich.

Für 4 Personen

4 Eigelb

65 g Zucker

120 ml Orangenmuskateller

6 reife, festfleischige Pfirsiche

Frische Pfirsiche mit Orangen-Zabaglione

Mit süßen Pfirsichen und edlem Muskateller-Dessertwein ist dies ein Dessert für einen besonderen Anlass.

1 Für die Zabaglione Eigelbe, Zucker und Muskateller in eine große, hitzebeständige Schüssel und diese in einen Topf mit schwach köchelndem Wasser geben. Mit einem Handmixer 10 Minuten aufschlagen, bis die Masse hell und angedickt ist. Die Schüssel darf dabei nur so warm werden, dass Sie sie gut mit der bloßen Hand festhalten können. Wenn die Mischung zu heiß wird, kann das Ei gerinnen. Die Mischung ist cremig, wenn sie beim Anheben des Mixers in langen Fäden von den Quirlen tropft. Vom Herd nehmen.

2 Den Backofengrill auf hoher Stufe vorheizen. Die Pfirsiche halbieren und die Steine entfernen. Das Fleisch in dünne Spalten schneiden und fächerförmig auf einer hitzebeständigen Platte anrichten.

3 Die Pfirsiche mit der Zabaglione übergießen und 1–2 Minuten überbacken, bis die Zabaglione goldbraun wird. Sofort servieren.

Aprikosen-Clafoutis mit Rosmarin

Am besten schmeckt dieses Dessert lauwarm mit Bourbon-Vanilleeis.

1 Den Backofen auf 200 °C vorheizen. Eine große Gratinform (ca. 26 cm Ø) großzügig mit Butter einfetten und mit Zucker ausstreuen.

2 Die Aprikosen mit der Wölbung nach unten nebeneinander in die vorbereitete Form legen. Zur Seite stellen.

3 In einer großen Schüssel Eier, Sahne und Zucker mit dem Rosmarin schaumig aufschlagen. Das Mehl unterheben. Die Mischung vorsichtig über die Aprikosen gießen, sie sollen sich dabei nicht verschieben.

4 Im vorgeheizten Ofen 25 Minuten backen, bis der Teig aufgegangen und gerade fest ist. Mit Zucker bestreuen und frisch aus dem Ofen oder lauwarm servieren.

Für 6 Personen

1 EL Butter

300 g Aprikosen, halbiert und entsteint

6 Eier, verquirlt

250 g Sahne

150 g Zucker, plus etwas mehr zum Bestreuen

1 TL frisch gehackter Rosmarin

100 g Mehl, gesiebt

Erdbeertorte

Dieses Rezept ist eine Variante eines traditionellen Gebäcks – mit einem üppigen, süßen Mürbeteig nach schottischem Vorbild.

Für 6–8 Personen

Boden

250 g Mehl

2½ TL Backpulver

50 g Butter, gewürfelt, plus etwas mehr zum Einfetten

50 g Zucker

125–150 ml Milch

Belag

4 EL Milch

500 g Mascarpone

5 EL Zucker

500 g Erdbeeren, geputzt und geviertelt

abgeriebene Schale von 1 Orange

Zum Servieren

frische Minzeblätter

Puderzucker, zum Bestäuben (nach Belieben)

1 Den Backofen auf 200 °C vorheizen. Eine Springform (20 cm Ø) dünn einfetten.

2 Für den Boden das Mehl in eine große Schüssel sieben. Die Butter zugeben und beides mit den Fingerspitzen zu einer feinkrümeligen Mischung verreiben. Den Zucker untermischen, dann gerade so viel Milch zugeben, dass ein glatter, formbarer Teig entsteht. Den Teig gleichmäßig in die vorbereitete Springform drücken. Im vorgeheizten Backofen 15–20 Minuten backen, bis der Teig goldbraun ist und sich fest anfühlt. 5 Minuten in der Form abkühlen lassen, dann auf ein Küchengitter stürzen und ganz auskühlen lassen.

3 Für den Belag Milch und Mascarpone mit 3 Esslöffeln Zucker in einer Schüssel schaumig aufschlagen. Die Erdbeeren in eine andere Schüssel geben, mit dem restlichen Zucker und der Orangenschale bestreuen.

4 Die Mascarponecreme auf den Teigboden streichen und die Erdbeeren daraufhäufen. Den ausgetretenen Erdbeersaft darüber löffeln. Zuletzt alles mit Minzeblättern und nach Belieben mit Puderzucker bestreuen. Sofort servieren.

Nektarinen-Ricotta-Creme mit Zimtblättern

Für 4 Personen

100 g Sahne

3 Eiweiß

250 g Ricotta

100 g Zucker

abgeriebene Schale von ½ Orange

3 ganze, reife Nektarinen, entsteint und gewürfelt, plus 1 Nektarine, in Scheiben geschnitten, zum Garnieren

Zimtblätter

6 Wantan-Teigblätter

1 EL Zucker

1 Prise Zimt

Sonnenblumenöl, zum Frittieren

Der Ricotta gibt der Creme, die ganz ohne Gelatine auskommt, ihre himmlische Konsistenz. Sie sollte aber spätestens 2–3 Stunden nach der Zubereitung verzehrt werden.

1 Die Sahne in einer großen Schüssel steif schlagen. In einer zweiten Schüssel das Eiweiß zu steifem Schnee schlagen. In einer dritten Schüssel Ricotta und Zucker cremig rühren. Sahne, Orangenschale und gewürfelte Nektarinen unter die Ricottacreme heben. Danach den Eischnee vorsichtig unterheben – die Masse soll luftig bleiben. In Dessertgläser füllen und bis zum Servieren in den Kühlschrank stellen.

2 Die Wantan-Blätter in 1 cm breite Streifen schneiden. Zucker und Zimt mischen. Das Öl in einer Fritteuse oder einem Wok auf 180–190 °C erhitzen, oder bis ein Brotwürfel darin innerhalb von 30 Sekunden bräunt. Die Wantan-Streifen portionsweise in dem heißen Öl 1–2 Minuten goldbraun frittieren, dann mit einem Schaumlöffel herausheben und auf Küchenpapier abtropfen lassen. Mit Zimtzucker bestreuen und auf einem Küchengitter abkühlen lassen.

3 Kurz vor dem Servieren die Creme mit Nektarinenspalten garnieren und die Zimtblätter auf einem Teller dazu anrichten.

Herbst

Wenn der Herbst beginnt, gibt es noch jede Menge Obst und Gemüse zu ernten. Kürbisse, Mais, Äpfel und Brombeeren reifen jetzt heran. Auch Nüsse, vor allem Walnüsse und Haselnüsse, haben jetzt Hochsaison. Greifen Sie zu und legen Sie sich für die kalte Jahreszeit einen köstlichen und gesunden Vorrat an.

Krebsfrikadellen mit Avocado-Salsa

Krebsfleisch und Mais passen großartig zusammen. Die fruchtigherbe Salsa sieht nicht nur toll aus, sie schmeckt auch herrlich zu den Frikadellen.

Für 4 Personen

200 g Mais aus der Dose

70 g Mehl

2 Eier, verquirlt

300 g gegartes, helles Krebsfleisch

1 kleines Bund glatte Petersilie, gehackt

3–4 EL Olivenöl

Salz und Pfeffer

Limettenspalten, zum Servieren

Avocado-Salsa

1 kleine rote Zwiebel, fein gehackt

1 rote Paprika

1 gelbe Paprika

1 reife, feste Avocado

1 reife, feste Mango

4 reife, feste Tomaten

Saft und abgeriebene Schale von 2 Limetten

1 großes Bund frischer Koriander, gehackt

1 Für die Salsa die Zwiebel in eine Schüssel geben. Die Paprika entkernen und das Fruchtfleisch in 1 cm große Würfel schneiden. Zur Zwiebel geben. Mango und Avocado schälen und entkernen, das Fleisch in 1 cm große Würfel schneiden und ebenfalls in die Schüssel geben. Die Tomaten in 1 cm große Würfel schneiden und zufügen. Saft und Schale der Limette sowie den Koriander unterrühren. Mit Salz und Pfeffer abschmecken.

2 Maiskörner, Mehl und Eier in einer anderen Schüssel gründlich mischen. Krebsfleisch und Petersilie unterheben. Mit Salz und Pfeffer abschmecken.

3 Das Öl in einer großen Pfanne auf mittlerer bis hoher Stufe erhitzen. Esslöffelgroße Portionen des Teigs ins heiße Öl geben und von jeder Seite 2–3 Minuten knusprig goldbraun braten. Aus der Pfanne nehmen und auf Küchenpapier abtropfen lassen. Sofort mit der Salsa und den Limettenspalten zum Beträufeln servieren.

Variation

Wenn die Salsa pikanter werden soll, geben Sie einen fein gehackten roten Chili oder 1–2 Spritzer Tabasco dazu.

Walnussbrot mit Feigen und Blauschimmelkäse

Ergibt 1 Brotlaib

Butter, zum Einfetten

85 g getrocknete Feigen, grob gehackt

4 EL Marsala

200 g Mehl

1 EL Backpulver

3 Eier

200 g Crème fraîche

175 g Blauschimmelkäse, z. B. Roquefort oder Gorgonzola

80 g Walnusskerne, grob gehackt

Salz und Pfeffer

Dieses köstliche Brot passt sehr gut zu einem Salat mit würzigem Rucola und süßlichen Birnen.

1 Eine Kastenform dünn einfetten und mit Backpapier auslegen. Die Feigen mit dem Marsala in eine kleine Schüssel geben und etwa 30 Minuten quellen lassen.

2 Den Backofen auf 180 °C vorheizen.

3 Mehl und Backpulver in eine große Schüssel sieben. In einer zweiten Schüssel Eier und Crème fraîche cremig rühren, dann diese Mischung zum Mehl geben und alles sorgfältig verrühren. Mit Salz und einer großzügigen Prise Pfeffer würzen.

4 Den Blauschimmelkäse zerbröseln. 150 g Käse zum Teig geben. Die Feigen und den Marsala zufügen, dann die Hälfte der Walnusskerne zugeben und alles unterrühren. Den Teig in die vorbereitete Form geben, mit dem restlichen Käse und den restlichen Walnüssen bestreuen und im vorgeheizten Backofen 40 Minuten goldbraun backen.

5 Die Backform locker mit Alufolie abdecken und das Brot weitere 15 Minuten backen, bis an einem in der Mitte eingestochenen Stäbchen keine Teigreste mehr haften.

6 Das Brot kurz in der Form abkühlen lassen, dann auf ein Kuchengitter stürzen und ganz auskühlen lassen.

Himbeer-Chili-Essig

Dieser Essig eignet sich hervorragend für Dressings, passt aber auch zu Wild und Fisch.

1 Alle Zutaten in einem Topf bei niedriger Temperatur unter gelegentlichem Rühren erhitzen, bis der Zucker aufgelöst ist. 2–3 Minuten leicht köcheln lassen, damit sich das Aroma des Chilis entfalten kann. Dann vom Herd nehmen und abkühlen lassen.

2 Ein Sieb mit einem Geschirrtuch auslegen. Die Flüssigkeit durchseihen und in sterilisierte Flaschen füllen.

Tipp

An einem kühlen, dunklen Ort hält sich der Essig etwa 1 Jahr.

Ergibt ca. 600 ml

600 ml Weißweinessig

1–2 TL Chiliflocken

100 g Zucker

750 g Himbeeren

Als Vorspeise oder als Beilage zu gebratenem Fleisch.

1 Den Backofen auf 180 °C vorheizen.

2 Das obere Viertel des Kürbisses waagerecht abschneiden, sodass ein Deckel entsteht. Kerne und Fasern herausschaben. Den Kürbis in eine große, hohe ofenfeste Form setzen. Sahne und Knoblauch in einem Topf bis kurz vor den Siedepunkt erhitzen. Vom Herd nehmen, mit Salz und Pfeffer würzen und den Thymian einrühren. Die Mischung in den Kürbis füllen und den Deckel auflegen.

3 Im vorgeheizten Backofen 1 Stunde backen, bis das Kürbisfleisch gar ist. Die genaue Garzeit hängt von der Größe des Kürbisses ab. Er darf nicht zu lange gegart werden, sonst kann er zusammenfallen. Aus dem Ofen nehmen, den Deckel abheben und den Gruyère auf die Sahne streuen. Wieder in den Ofen schieben und weitere 10 Minuten backen.

4 Das weiche Kürbisfleisch mit einem großen Löffel Käsesahne, knusprigem Brot und einem pikanten grünen Blattsalat servieren.

Gefüllter Kürbis mit Gruyère

Für 4 Personen

1 großer Kürbis

300 g Sahne

3 Knoblauchzehen, in dünne Scheiben geschnitten

1 EL frische Thymianblätter

125 g Gruyère, gerieben

Salz und Pfeffer

Zum Servieren

knuspriges Brot

Salat aus Brunnenkresse, Rucola oder Spinat

Crêpes mit Meerforelle und Ingwer

Dieses ungewöhnliche Gericht schmeckt der Familie, eignet sich aber auch für ein feines Menü mit Gästen.

1 Für die Crêpes Eier, Milch und zerlassene Butter mit dem Mixer gründlich verrühren. Mehl und Salz mischen, zur Eiermilch geben und alles zu einem glatten Teig verrühren. Den Teig mindestens 30–60 Minuten, möglichst länger, quellen lassen.

2 Eine Crêpe-Pfanne oder eine beschichte Pfanne mit etwas Butter einfetten und bei mittlerer bis hoher Temperatur erhitzen. Etwas Teig in die Pfanne geben und die Pfanne schwenken, um den Teig gleichmäßig zu verteilen. 1–2 Minuten braten, bis die Unterseite goldbraun ist und sich an der Oberseite kleine Bläschen zeigen. Den Rand vorsichtig mit einem Palettmesser lösen und den Crêpe wenden. Die andere Seite etwa 1 Minute goldbraun braten. Aus dem restlichen Teig weitere Crêpes (etwa 8 Stück) zubereiten.

3 Für die Füllung den Fisch in mundgerechte Würfel schneiden. Das Olivenöl in einer Pfanne bei mittlerer bis hoher Temperatur erhitzen und die Fischwürfel darin unter ständigem Rühren 2–3 Minuten hellbraun braten. Den Zitronensaft zufügen, dann Ingwer, Korinthen und 2 Esslöffel der zerlassenen Butter unterrühren. Abkühlen lassen. Den Koriander untermischen. Mit Salz und Pfeffer abschmecken.

4 Den Backofen auf 190 °C vorheizen. Eine ofenfeste Form dünn mit zerlassener Butter einpinseln.

5 Einen Crêpe flach ausbreiten und ein Achtel der Fischfüllung in die Mitte geben. Den Crêpe zu einem Päckchen zusammenfalten. Die anderen Crêpes ebenso füllen. Die Päckchen nebeneinander mit der Naht nach unten in die vorbereitete Form legen. Mit der restlichen zerlassenen Butter beträufeln und im vorgeheizten Ofen 20–25 Minuten knusprig und golbraun backen.

6 Für den Pesto Basilikum, Parmesan, Pinienkerne, Knoblauch und Zitronensaft im Mixer fein pürieren. So viel Olivenöl zufügen, dass der Pesto eine dick-cremige Konsistenz bekommt. Mit etwas Meersalz abschmecken. Abgedeckt bis zum Servieren in den Kühlschrank stellen. Die Crêpes direkt aus dem Ofen servieren. Den Pesto dazu reichen.

Für 4 Personen

Crêpes

2 Eier

300 ml Milch

2 EL Butter, zerlassen und abgekühlt, plus 2 EL Butter zum Braten und etwas zerlassene Butter zum Einfetten

125 g Mehl

1 Prise Salz

Füllung

500 g Meerforellenfilets ohne Haut

4 EL Olivenöl

Saft von ½ Zitrone

3–4 Stücke eingelegter Ingwer, gehackt

2 EL Korinthen

50 g Butter, zerlassen und abgekühlt

1 EL frisch gehackter Koriander

Salz und Pfeffer

Basilikumpesto

2 große Handvoll frisches Basilikum

50 g Parmesan, fein gerieben

50 g Pinienkerne

2 Knoblauchzehen, zerdrückt

Saft von ½ Zitrone

6 EL natives Olivenöl extra

Salz

Gebratene Entenbrust mit Birnen-Zwiebel-Confit

Für 4 Personen

4 Entenbrustfilets mit Haut (à ca. 185 g)

2 EL flüssiger Honig

Salz und Pfeffer

frisch gekochtes Gemüse, zum Servieren

Birnen-Zwiebel-Confit

50 g Butter

2 reife, feste Birnen, geschält, entkernt und in Scheiben geschnitten

6 Zwiebeln, in Ringe geschnitten

2 EL Waldhonig

2 Stücke eingelegter Ingwer

2 EL Ingwersirup

Entenbrust ist ganz einfach zuzubereiten. Mit dem süßlich-würzigen Confit aus reifen Birnen, Zwiebeln und Ingwer schmeckt das zarte Fleisch einfach umwerfend.

1 Den Backofen auf 200 °C vorheizen.

2 Für das Confit die Butter in einem Topf bei mittlerer bis hoher Temperatur zerlassen. Birnen und Zwiebeln zugeben und unter gelegentlichem Rühren 10 Minuten garen, bis sie weich und hell goldbraun sind. Honig, Ingwer und Ingwersirup zufügen und alles 15–20 Minutenköcheln und eindicken lassen. Mit Salz und Pfeffer abschmecken. Falls nötig, bis zum Servieren warm halten.

3 Inzwischen eine Pfanne bei mittlerer bis hoher Temperatur erhitzen. Die Entenbrüste mit der Haut nach unten hineinlegen. Fett muss nicht zugegeben werden, es brät aus dem Fleisch heraus. Die Entenbrüste 2–3 Minuten goldbraun braten, dann wenden und die andere Seite 2–3 Minuten braten. Die Entenbrüste in einen Bräter legen, mit dem Honig bestreichen und mit Salz und Pfeffer würzen. Im vorgeheizten Backofen 12 Minuten garen. Aus dem Ofen nehmen und an einem warmen Platz 5 Minuten ruhen lassen.

4 Zum Servieren die Entenbrüste aufschneiden und das Fleisch fächerförmig auf vier vorgewärmten Tellern anrichten. Sofort mit frisch gekochtem Gemüse und Birnen-Zwiebelconfit servieren.

Überbackenes Herbstgemüse mit Hähnchen

Für dieses Gericht können Sie auch andere Gemüsesorten verwenden, die besonders frisch und appetitlich aussehen.

1 Den Backofen auf 180 °C vorheizen.

2 Das Öl in einer großen Pfanne auf mittlerer Stufe erhitzen. Porree und Knoblauch darin unter häufigem Rühren 3–4 Minuten weich dünsten. Das Fleisch zugeben und unter häufigem Rühren 5 Minuten mitgaren. Süßkartoffeln und Pastinaken zufügen und weitere 5 Minuten mitgaren, bis sie weich werden und zu bräunen beginnen. Paprika und Pilze in die Pfanne geben und unter häufigem Rühren 5 Minuten mitgaren. Zuletzt Tomaten, Reis und Petersilie zufügen. Mit Salz und Pfeffer abschmecken.

3 Die Mischung in eine ofenfeste Form füllen. Mit dem geriebenen Käse bestreuen und im vorgeheizten Backofen 20–25 Minuten garen. Sofort servieren. Dazu passt ein grüner Blattsalat.

Variation

Die Süßkartoffeln können durch Kürbis ersetzt werden.

Für 4 Personen

3 EL Olivenöl

2 Stangen Porree, in Ringe geschnitten

2 Knoblauchzehen, in Scheiben geschnitten

350 g Hähnchenbrustfilet, in mundgerechte Stücke geschnitten

2 Süßkartoffeln, geschält und in mundgerechte Stücke geschnitten

2 Pastinaken, abgebürstet und in Scheiben geschnitten

1 rote Paprika, entkernt und in Streifen geschnitten

1 gelbe Paprika, entkernt und in Streifen geschnitten

250 g Mischpilze, geputzt

400 g Tomaten, grob gehackt

300 g gegarter Langkornreis

1 kleines Bund frische Petersilie, gehackt

125 g reifer Emmentaler, gerieben

Salz und Pfeffer

Blattsalat, zum Servieren (nach Belieben)

Tarte tatin mit Karotten

Knuspriger goldbrauner Blätterteig und süße junge Karotten – verführerisch!

1 Den Backofen auf 200 °C vorheizen.

2 Die Karotten in einem Topf mit kochendem Wasser 10–15 Minuten garen, bis sie bissfest sind. Abgießen, dann mit Butter und Thymian mischen und mit Salz und Pfeffer würzen. Auf dem Boden einer runden Backform mit einem mindestens 3 cm hohen Rand verteilen und im vorgeheizten Backofen 15 Minuten garen, bis die Möhren karamellisiert sind.

3 Den Teig auf einer bemehlten Arbeitsfläche zu einem Kreis ausrollen, der 2 cm mehr Durchmesser als die Form hat. Den Teig in die Form legen und den Teigrand vorsichtig zwischen Möhren und Formrand schieben. 15 Minuten backen, bis der Teig aufgegangen und goldbraun ist.

4 Die Tarte aus dem Ofen nehmen und auf einen Teller stürzen. Sofort servieren.

Für 4 Personen

600 g junge Karotten, geschält und in 2,5 cm große Würfel geschnitten

2 EL flüssiger Honig

50 g Butter

1 kleines Bund frischer Thymian, gehackt

350 g TK-Blätterteig, aufgetaut

Mehl, zum Bestäuben

Salz und Pfeffer

Schweinebraten mit Rosmarinkartoffeln

Diese klassische Kombination ist kaum zu überbieten.

Für 4 Personen

1 kg Schinkenbraten mit Schwarte

3 EL Olivenöl

Salz

Rosmarinkartoffeln

1 kg fest kochende Kartoffeln

4 EL Olivenöl

1 Bund frischer Rosmarin, gehackt

1 Den Backofen auf 220 °C vorheizen.

2 Die Schwarte kreuz und quer einritzen und gut trocken tupfen. Den Braten in einen Bräter legen. Die Schwarte mit 1 Esslöffel Öl bestreichen und großzügig mit Salz einreiben. Im vorgeheizten Ofen 20 Minuten garen, bis die Schwarte blasig und knusprig wird. Die Temperatur auf 200 °C reduzieren und den Braten weitere 40 Minuten backen, bis er gar ist und eine goldbraune, knusprige Schwarte hat. Einen Spieß an der dicksten Stelle ins Fleisch stechen: Es ist gar, wenn klarer Saft austritt. Den Braten aus dem Ofen nehmen und vor dem Aufschneiden 20 Minuten ruhen lassen.

3 Inzwischen die Kartoffeln schälen und in mittelgroße Würfel schneiden. Das Öl in einem anderen Bräter im Ofen erhitzen. Kartoffeln und Rosmarin zugeben, gründlich mischen und 40 Minuten backen, bis die Kartoffeln knusprig und goldbraun sind. Aus dem Bräter nehmen und mit etwas Salz bestreuen. Sofort zum aufgeschnittenen Braten servieren.

Hirschsteaks mit Feigen-Walnuss-Relish

Wild ist fettarm, hat wenig Kalorien, und die Zubereitung dauert nur Minuten.

1 Für das Relish die Feigen hacken und in einer Schüssel mit den Walnusskernen mischen. Knoblauch, Walnussöl und Balsamico-Essig unterrühren. Mit Salz und Pfeffer abschmecken und zur Seite stellen.

2 Den Rosmarin mit 2 Esslöffeln Olivenöl verrühren. Die Hirschsteaks mit der Mischung einreiben. Abgedeckt an einem kühlen Ort 30 Minuten marinieren.

3 Das restliche Öl bei mittlerer bis hoher Temperatur erhitzen. Die Steaks salzen und pfeffern, dann in die Pfanne legen und von jeder Seite 2–3 Minuten braten (je nach gewünschtem Gargrad). Hirschsteaks sind sehr mager und können zäh werden, wenn sie zu lange gebraten werden. Vom Herd nehmen und warm halten. Den Bratensatz in der Pfanne mit dem Wein ablöschen. 2–3 Minuten köcheln lassen, dann die Butter zugeben und rühren, bis die Sauce glatt ist und glänzt.

4 Zum Servieren die Steaks mit einem Löffel Relish und etwas Sauce anrichten.

Für 4 Personen

2 Zweige frischer Rosmarin, Blätter fein gehackt

3 EL Olivenöl

4 Hirschsteaks (à ca. 175 g)

100 ml Rotwein

2 EL Butter

Salz und Pfeffer

Feigen-Walnuss-Relish

4 reife Feigen

3 EL gehackte Walnusskerne, geröstet

1 Knoblauchzehe, zerdrückt

1 EL Walnussöl

1–2 TL Balsamico-Essig

Wolfsbarsch im Parmesanmantel

Für 4 Personen

4 Wolfsbarschfilets mit Haut (à ca. 125 g)

3 EL Olivenöl

Saft und abgeriebene Schale von 1 Zitrone

100 g Parmesan, fein gerieben

1 kleines Bund glatte Petersilie, gehackt

Salz und Pfeffer

Zum Servieren

Blattsalat, z. B. Brunnenkresse, Rucola oder Spinat

Zitronenspalten

Parmesan, Petersilie und Zitrone geben der Hülle eine pikante Würze, die aber das milde Aroma des Fischs nicht überdeckt.

1 Den Backofengrill auf hoher Stufe vorheizen. Die Grillpfanne mit etwas Öl einpinseln und die Fischfilets mit der Haut nach unten hineinlegen. Mit etwas Öl und Zitronensaft beträufeln und mit Salz und Pfeffer würzen.

2 Zitronenschale, Parmesan und Petersilie mischen und auf die Fischfilets streuen. Mit dem restlichen Öl beträufeln. Etwa 4 Minuten grillen, bis der Fisch gar und goldbraun ist. Die genaue Garzeit hängt von der Dicke der Fischfilets ab. Sofort mit einem würzigen grünen Blattsalat servieren. Zitronenspalten zum Beträufeln separat dazu reichen.

Für 4 Personen

300 g reife, feste Pflaumen

3 EL Zucker (oder nach Geschmack), plus etwas mehr zum Bestreuen

50 ml Wasser

1 TL Vanilleextrakt

8 Stücke Filoteig, je 20 x 20 cm

50 g Butter, zerlassen

3 EL Brösel von trockenem Kuchen

geschlagene Sahne oder Vanilleeis, zum Servieren

Pflaumenstrudel mit Vanille

Die knusprigen Teigpakete mit süßer Pflaumenfüllung sehen eindrucksvoll aus, sind aber schnell und einfach zuzubereiten.

1 Den Backofen auf 200 °C vorheizen.

2 Die Pflaumen halbieren und entsteinen. Das Fruchtfleisch würfeln und mit Zucker und Wasser in einem Topf bei niedriger Temperatur 15 Minuten weich kochen. Den Vanilleextrakt einrühren, dann abkühlen lassen.

3 Vier Filoteigblätter nebeneinander ausbreiten und mit etwas zerlassener Butter einpinseln. Die restlichen Teigblätter darauflegen. Die Kuchenbrösel gleichmäßig verteilt in die Mitte der Blätter streuen, dann auf jedes Teigstück ein Viertel der gewürfelten Pflaumen geben. Die Teigränder mit etwas zerlassener Butter bestreichen, dann zu kleinen Strudeln aufrollen. Mit der Naht nach unten auf ein Backblech legen, mit zerlassener Butter einpinseln und im vorgeheizten Ofen 6–8 Minuten goldbraun backen.

4 Aus dem Ofen nehmen, mit der restlichen zerlassenen Butter einpinseln und mit Zucker bestreuen. Mit Sahne oder Vanilleeis servieren.

Variation

Wer keine Kuchenbrösel im Haus hat, kann sie durch Paniermehl oder Semmelbrösel ersetzen.

Birnen sind ein Genuss, den man sich im Herbst nicht entgehen lassen sollte. Zum Kochen eignen sich aromatische, feste Sorten am besten.

1 Den Backofen auf 150 °C vorheizen.

2 Die Birnen schälen, vierteln und entkernen. Mit Zitronensaft einreiben und in eine ofenfeste Form legen. Zucker, Rotwein und Zimtstange zugeben. Mit einem Deckel oder mit Alufolie abdecken und im vorgeheizten Backofen 1¼ Stunden garen, bis die Birnen weich sind und der Saft sirupartig eingedickt ist. Nach der Hälfte der Garzeit einmal umrühren.

3 Für die Sauce Sahne, Zucker und Kardamomsamen in einem Topf bei niedriger Temperatur 2–3 Minuten erhitzen. Die Speisestärke mit der Milch anrühren, dann zur Sahne geben und die Mischung unter ständigem Rühren aufkochen, bis sie eindickt. Die Sauce durch ein feines Sieb gießen, um die Kardamomsamen zu entfernen. Zu den warmen Birnen servieren.

Birnen mit Kardamom-Sahnesauce

Für 4 Personen

4 Birnen
Saft von ½ Zitrone
100 g brauner Zucker
300 ml Rotwein
1 Zimtstange

Kardamom-Sahnesauce

500 g Sahne
50 g Zucker
Samen aus 6 Kardamomkapseln
3 EL Milch
1 TL Speisestärke

Kürbis-Tarte mit Zimt

Für 6–8 Personen

Teig

175 g weiche, gesalzene Butter

50 g Zucker

1 Eigelb

275 g Mehl, gesiebt, plus etwas mehr zum Bestäuben

Füllung

400 g Fruchtfleisch vom Butternut-Kürbis

150 g brauner Zucker

3 Eier, verquirlt

1 TL Zimt

3 EL dunkler Rum

2 EL Mascarpone

geschlagene Sahne oder Vanilleeis, zum Servieren

Butternut-Kürbis ist eine ungewöhnliche, aber überraschend schmackhafte Zutat für einen Kuchen.

1 Für den Teig Butter und Zucker in einer Schüssel schaumig schlagen. Das Eigelb zugeben und glatt rühren. Langsam das Mehl unterrühren, bis sich ein formbarer Teig bildet. Nicht zu lange rühren. Den Teig in 2 Portionen teilen, eine davon einfrieren. Die andere Hälfte in Frischhaltefolie wickeln und bei Zimmertemperatur etwa 20 Minuten ruhen lassen.

2 Den Teig auf einer bemehlten Arbeitsfläche ausrollen und eine Tarteform mit herausnehmbaren Boden (23 cm Ø) damit auslegen. Bis zur weiteren Verwendung in den Kühlschrank stellen.

3 Den Backofen auf 180 °C vorheizen.

4 Für die Füllung das Kürbis-Fruchtfleisch klein würfeln und in einem Topf mit kochendem Wasser garen. Abgießen und in einem Mixer glatt pürieren. Die restlichen Zutaten für die Füllung zufügen und nochmals mixen. Die Tarteform auf ein Backblech stellen und zu drei Vierteln mit der Masse füllen. Im vorgeheizten Ofen 10–15 Minuten backen, bis die Füllung beginnt, fest zu werden. Die restliche Kürbismasse darauf verteilen und weitere 25 Minuten backen, bis die Füllung fest ist.

5 Aus dem Ofen nehmen und abkühlen lassen. In Stücke schneiden und mit Sahne oder Vanilleeis servieren.

Tipp

Die Teigmenge reicht für 2 Tartes. Da aber nur ein Eigelb benötigt wird, wäre es unpraktisch, ein halbes Rezept zuzubereiten. Frieren Sie einfach eine Hälfte des Teigs ein.

Brombeerkaltschale mit Buttermilchcreme

Die Kombination aus dunkelroter Brombeersuppe und weißer Buttermilchcreme sieht toll aus und schmeckt himmlisch.

1 Für die Creme die Gelatine in einer kleinen Schüssel mit kaltem Wasser bedecken und 5 Minuten einweichen. Inzwischen Buttermilch, Sahne und Milch zusammen in einem Topf erhitzen, bis beinahe der Siedepunkt erreicht ist. Den Zucker zugeben und rühren, bis er aufgelöst ist. Die Gelatine aus dem Wasser nehmen und gut ausdrücken. In die heiße Buttermilchmischung geben und unter Rühren komplett auflösen. Die Mischung durch ein feines Sieb gießen und in 4 Ramequin-Förmchen füllen. Einige Stunden oder über Nacht zum Festwerden in den Kühlschrank stellen.

2 Für die Kaltschale Brombeeren, Wein, Wasser, Zucker und Sternanise in einen großen Topf geben. Bei niedriger Temperatur 8–10 Minuten schwach köcheln lassen, bis der Zucker aufgelöst ist und die Sternanise duften. Vom Herd nehmen und abkühlen lassen, danach die Sternanise herausnehmen. Die Kaltschale in einem Mixer oder mit einem Stabmixer glatt pürieren. Durch ein feines Sieb gießen und nach Belieben den Likör einrühren. Abgedeckt bis zum Servieren in den Kühlschrank stellen.

3 Zum Servieren die Kaltschale auf 4 Teller verteilen und jeweils in die Mitte 1 Portion Buttermilchcreme stürzen.

Für 4 Personen

Buttermilchcreme

4 Blätter weiße Gelatine

275 ml Buttermilch

275 g Sahne

50 ml Milch

100 g Zucker

Kaltschale

450 g Brombeeren

300 ml fruchtiger Rotwein

100 ml Wasser

75 g Zucker (oder nach Geschmack)

2 Sternanise

4–5 EL Brombeerlikör (nach Belieben)

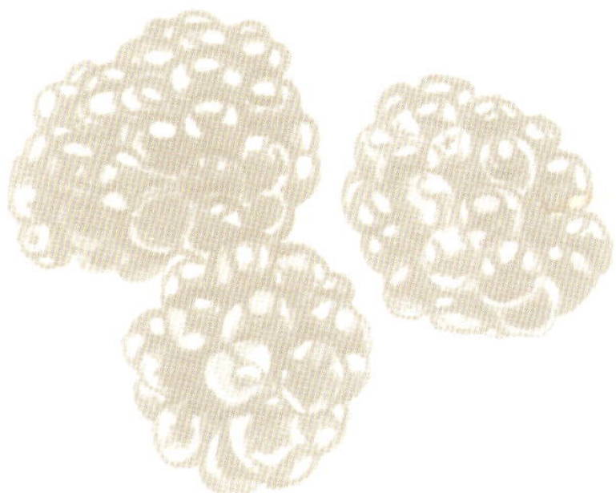

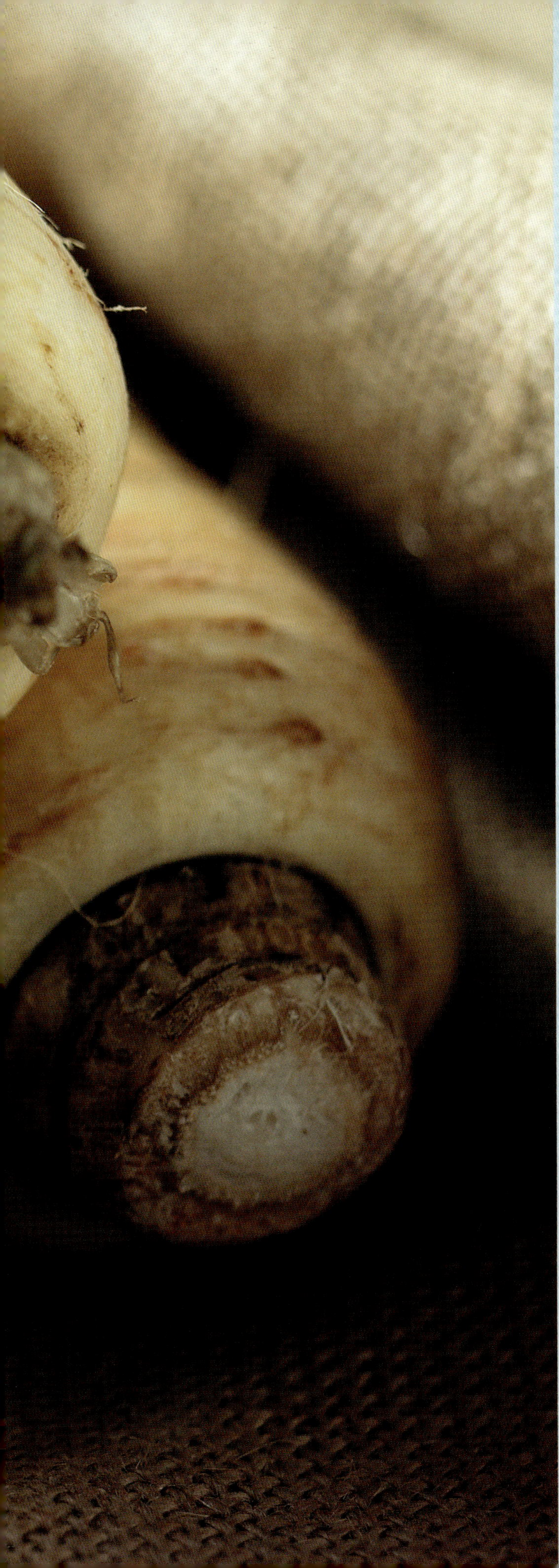

Winter

Sehr viel zu ernten gibt es im Winter nicht, dafür hat man mehr Muße, sich Zeit zum Kochen zu nehmen oder sich mit Freunden oder Familie zu ausgedehnten Mahlzeiten zusammenzusetzen. Aufläufe, Schmorgerichte, Suppen und Eintöpfe können auch allein garen, während Sie andere Dinge erledigen – zum Beispiel, sich Gedanken und Notizen für ein Weihnachtsmenü machen, auf das sich alle freuen.

Gegrillte Jakobsmuscheln mit knusprigem Porree

Kaufen Sie möglichst Jakobsmuscheln aus europäischen Hängekulturen oder MSC-zertifiziertem Fang. Gefrorene Jakobsmuscheln sind nicht zu empfehlen. Sie schmecken fade und haben nach dem Auftauen eine Konsistenz wie feuchte Watte.

Für 6 Personen

6 dicke Porreestangen

50 g Butter

1 TL fester Honig

Oliven- oder Sonnenblumenöl, zum Frittieren

18 große, rohe Jakobsmuscheln, küchenfertig

1–2 EL Olivenöl

frisch gepresster Zitronensaft (nach Geschmack)

Salz und Pfeffer

Meersalzflocken

1 Den Porree putzen. 5 Stangen in dicke Scheiben schneiden. Die restliche Porreestange halbieren, in feine Streifen schneiden und zur Seite stellen. Die Butter bei mittlerer Temperatur in einer Pfanne erhitzen. Die Porreescheiben darin unter häufigem Rühren 5 Minuten weich dünsten, aber nicht bräunen. Den Honig unterrühren, mit Salz und Pfeffer abschmecken und warm halten.

2 Inzwischen das Öl zum Frittieren in einer Fritteuse oder einem Wok auf 180–190 °C erhitzen, oder bis ein Brotwürfel darin innerhalb von 30 Sekunden bräunt. Die Porreestreifen in dem heißen Öl goldbraun frittieren. Mit einem Schaumlöffel herausnehmen und auf Küchenpapier abtropfen lassen. Mit Meersalzflocken bestreuen.

3 Eine geriffelte Grillpfanne bei hoher Temperatur erhitzen. Die Jakobsmuscheln mit Olivenöl einpinseln und in der heißen Pfanne von jeder Seite 1 Minute braten. Vom Herd nehmen, mit Zitronensaft beträufeln und mit Salz bestreuen.

4 6 vorgewärmte Teller bereitstellen. Auf jeden eine Portion Butterporree geben, darauf 3 Jakobsmuscheln setzen und diese mit dem frittierten Porree garnieren. Sofort servieren.

Selleriesuppe mit Käsestangen

Für 4 Personen

3 EL Olivenöl

1 Zwiebel, gehackt

1 Knolle Sellerie, geschält und grob gewürfelt

1 l aromatische Gemüsebrühe

1 kleines Bund frischer Thymian, gehackt, plus einige Stängel zum Garnieren

Salz und Pfeffer

Käsestangen

Butter, zum Einfetten

375 g TK-Blätterteig, aufgetaut

Mehl, zum Bestäuben

1 Ei, verquirlt

100 g Parmesan, fein gerieben

Einen Schönheitspreis können knubbelige Sellerieknollen nicht gewinnen, aber sie schmecken in Suppen oder als Püree unglaublich gut.

1 Das Öl in einem großen Topf bei mittlerer Temperatur erhitzen. Die Zwiebel darin 4–5 Minuten glasig dünsten, aber nicht bräunen. Die Selleriewürfel zugeben und unter häufigem Rühren 3–4 Minuten mitdünsten. Brühe und Thymian zufügen und 25 Minuten köcheln lassen, bis die Selleriewürfel gar sind.

2 Inzwischen den Backofen auf 200 °C vorheizen. Zwei Backbleche dünn einfetten.

3 Für die Käsestangen den Blätterteig auf einer bemehlten Arbeitsfläche dünn ausrollen. Mit der Hälfte des Eis einpinseln und mit der Hälfte des Parmesans bestreuen. Kräftig mit Pfeffer aus der Mühle würzen. Den Teig doppelt falten, mit dem restlichen Ei bestreichen und mit dem restlichen Parmesan bestreuen. Wieder mit Pfeffer würzen. Aus dem Teig Streifen von 1 cm Breite schneiden. Die Streifen vorsichtig der Länge nach drehen. Im vorgeheizten Backofen 5 Minuten knusprig und goldbraun backen.

4 Die Suppe im Mixer oder mit einem Stabmixer glatt pürieren. Behutsam wieder erhitzen und mit Salz und Pfeffer abschmecken.

5 Die Suppe in vorgewärmte Schälchen füllen und mit Thymian garnieren. Die Käsestangen dazu servieren.

Süßkartoffel-Ravioli mit Salbeibutter

Für 4 Personen

Pasta

400 g Pizzamehl, Typ 00, ersatzweise Weizenmehl Typ 405

4 Eier, verquirlt

Polenta, zum Bestreuen

Salz

Füllung

500 g Süßkartoffeln

3 EL Olivenöl

1 große Zwiebel, fein gehackt

1 Knoblauchzehe, zerdrückt

1 TL frische Thymianblätter, gehackt

2 EL flüssiger Honig

Salz und Pfeffer

Salbeibutter

50 g Butter

1 Bund frische Salbeiblätter, fein gehackt, plus einige ganze Blätter zum Garnieren

Ravioli selbst zu machen, kostet etwas Zeit, aber die Arbeit ist enorm beruhigend, und das Ergebnis kann sich sehen lassen.

1 Für den Pastateig das Mehl in eine große Schüssel oder einen Mixer sieben. Die Eier zugeben und alles zu einem weichen, nicht klebrigen Teig verarbeiten. Eine Arbeitsfläche mit Polenta bestreuen und den Teig darauf 4–5 Minuten kneten. In Frischhaltefolie wickeln und mindestens 30 Minuten in den Kühlschrank stellen.

2 Für die Füllung die Süßkartoffeln schälen und in Stücke schneiden. In einem Topf mit Wasser 20 Minuten garen. Abgießen und stampfen.

3 Das Öl in einer Pfanne bei mittlerer Temperatur erhitzen. Die Zwiebel darin unter häufigem Rühren 4–5 Minuten weich dünsten, aber nicht bräunen. Zu den Süßkartoffeln geben, Knoblauch und Thymian zufügen und alles gut verrühren. Mit Honig beträufeln und mit Salz und Pfeffer abschmecken. Zur Seite stellen.

4 Den Teig mit einer Nudelmaschine auf eine Stärke von 1 mm ausrollen. Alternativ eine Arbeitsfläche mit Polenta bestreuen und den Teig von Hand ausrollen – das kostet Kraft. Die Teigplatte halbieren. Auf einer Hälfte in gleichmäßigen Abständen kleine Kleckse der Füllung anordnen. Den Teig rings um die Füllung mit Wasser einpinseln. Die zweite Teigplatte auflegen. Die Teigplatten an den Rändern und zwischen den Füllungs-Klecksen gut zusammendrücken, dann mit einem Messer oder Schneiderädchen in Quadrate schneiden. Ein Stück Backpapier dünn mit Polenta bestreuen und die fertigen Ravioli nebeneinander darauflegen.

6 In einem großen Topf Wasser mit etwas Salz zum Kochen bringen und die Ravioli darin 2–3 Minuten garen, bis sie an die Oberfläche steigen. Sie sollen gar sein, aber noch etwas Biss haben.

6 Inzwischen Butter und Salbei in einem kleinen Topf erhitzen, bis die Butter geschmolzen ist.

7 Die Ravioli abgießen und sofort mit der Salbeibutter mischen. Mit Salbeiblättern garnieren und sofort servieren.

Schnelle Enten-Rillettes mit Fenchelbrot

Für 4 Personen

4–6 Entenkeulen

1 Bund frischer Thymian

Salz und Pfeffer

Fenchelbrot

500 g Weizenmehl Type 1050, plus etwas mehr für die Arbeitsfläche

1 Tütchen Trockenhefe

1 TL Salz

1 EL Olivenöl, plus etwas mehr zum Einfetten

1 EL körniger Senf

3 EL Fenchelsamen

200 ml warmes Wasser

Langsam gegartes Entenfleisch und selbst gebackenes Brot mit Fenchelaroma eignen sich als feine Vorspeise oder leichte Hauptmahlzeit.

1 Den Backofen auf 140 °C vorheizen.

2 Die Entenkeulen in einen Bräter legen. Mit Salz und Pfeffer würzen und mit Thymian bestreuen. Im vorgeheizten Backofen 2½ Stunden garen. Das ausgetretene Fett in eine kleine Schüssel füllen und zur Seite stellen. Die Haut von den Entenkeulen entfernen, dann das Fleisch von den Knochen lösen und mit zwei Gabeln in Streifen zerpflücken. Den Satz vom Bräterboden ablöschen, mit dem zerkleinerten Fleisch vermengen und die Mischung in 4 Ramequin-Förmchen füllen. Gut andrücken und dünn mit dem aufgefangenen Fett bedecken. In den Kühlschrank stellen und 30 Minuten vor dem Servieren herausnehmen.

3 Für das Brot das Mehl in einer Schüssel mit der Hefe mischen. Das Salz unterrühren. Öl, Senf, Fenchelsamen und so viel Wasser untermengen, das ein geschmeidiger, aber nicht klebriger Teig entsteht. Den Teig auf einer bemehlten Arbeitsfläche 5–10 Minuten durchkneten. Zu einem Laib formen und auf ein eingeöltes Backblech legen. An einem warmen Platz 40 Minuten gehen lassen, bis sich das Volumen verdoppelt hat.

4 Den Backofen auf 220 °C vorheizen.

5 Das Brot im vorgeheizten Backofen 20 Minuten backen, bis die Kruste goldbraun und knusprig ist. Es ist gar, wenn es beim Klopfen auf die Unterseite hohl klingt. Aus dem Ofen nehmen und auf einem Küchengitter abkühlen lassen.

6 Kurz vor dem Servieren das Brot in Scheiben schneiden, hell goldbraun toasten und zu den Rillettes servieren.

Für 4 Personen

3 EL Olivenöl

600 g Pastinaken, geschält und in dünne Scheiben geschnitten

1 TL frische Thymianblätter

1 TL Zucker

300 g Sahne

600 g Tomaten, in dünne Scheiben geschnitten

1 TL getrockneter Oregano

150 g Emmentaler, gerieben

Salz und Pfeffer

Pastinaken-Tomaten-Auflauf

Servieren Sie den Auflauf als vegetarisches Hauptgericht mit Salat und knusprigem Brot. Er passt auch als Beilage zu gegrilltem oder gebratenem Fleisch.

1 Den Backofen auf 180 °C vorheizen.

2 Das Öl in einer Pfanne bei mittlerer Temperatur erhitzen. Pastinaken, Thymian, Zucker sowie Salz und Pfeffer nach Geschmack zugeben und alles unter häufigem Rühren 6–8 Minuten goldbraun braten.

3 Die Hälfte der Pastinaken auf dem Boden einer Auflaufform verteilen. Mit der Hälfte der Sahne übergießen und die Hälfte der Tomatenscheiben darauf verteilen. Mit Salz und Pfeffer würzen. Die Hälfte des Oregano und die Hälfte des Käses daraufstreuen. Die restlichen Pastinaken und Tomaten darauf verteilen, mit dem restlichen Oregano bestreuen und wieder salzen und pfeffern. Mit der restlichen Sahne begießen und mit dem restlichen Käse bestreuen.

4 Mit Alufolie abdecken und im Backofen 40 Minuten backen, bis die Pastinaken weich sind. Die Folie abnehmen und weitere 5–10 backen, bis die Kruste goldbraun ist und die Sahnesauce brodelt. Sofort servieren.

Kartoffelgratin mit Käse und Speck

Für 4 Personen

1 kg kleine fest kochende Kartoffeln, in Scheiben geschnitten

2 EL Olivenöl

3 ganze Knoblauchzehen, geschält

150 g durchwachsener Speck, in Streifen geschnitten

2 EL frische Thymianblätter

600 g Sahne

200 g Reblochon oder Brie, in Scheiben geschnitten

Salz und Pfeffer

Dieser Gratin wärmt nach einem Winterspaziergang wunderbar durch.

1 Den Backofen auf 180 °C vorheizen.

2 Die Kartoffelscheiben in einem großen Topf mit kochendem Wasser 10–15 Minuten garen, bis sie bissfest sind. Abgießen.

3 Das Öl in einer großen Pfanne bei mittlerer Temperatur erhitzen. Mit dem Rücken eines stabilen Messers auf die Knoblauchzehen schlagen, sodass sie platzen. In die Pfanne geben. Den Speck zufügen und 3–4 Minuten braten. Die Kartoffelscheiben zugeben und 3–4 Minuten mitbraten. Sahne und Thymian zugeben und gut umrühren.

4 Die Mischung in eine Gratinform füllen und mit den Käsescheiben belegen. Im vorgeheizten Backofen 20 Minuten backen, bis die Kruste goldbraun ist und die Sahne brodelt.

Tipp

Dazu schmecken pfeffriger Brunnenkresse- oder Rucolasalat und knuspriges Brot.

Spinat-Ricotta-Rollatini

Dieses herzhafte Gericht wird wie eine Lasagne im Ofen gebacken. Die Zubereitung kostet etwas Zeit, aber das Ergebnis ist die Mühe wert.

Für 4 Personen

Pasta

400 g Pizzamehl, Typ 00, ersatzweise Weizenmehl Typ 405

3 Eier, verquirlt

Polenta, zum Bestreuen

Salz

Füllung

2 EL Olivenöl

1 Knoblauchzehe, zerdrückt

1 große Zwiebel, fein gehackt

500 g reife Tomaten

400 g Spinat oder 200 g TK-Spinat

250 g Ricotta

Salz und Pfeffer

Belag

2 EL zerlassene Butter, plus etwas mehr zum Einfetten

25 g Parmesan, fein gerieben

1 Für den Pastateig das Mehl in eine große Schüssel oder einen Mixer sieben. Die Eier zugeben und alles zu einem weichen, nicht klebrigen Teig verarbeiten. Eine Arbeitsfläche mit Polenta bestreuen und den Teig darauf 4–5 Minuten kneten. In Frischhaltefolie wickeln und mindestens 30 Minuten in den Kühlschrank legen.

2 Für die Füllung das Öl in einer Pfanne bei mittlerer Temperatur erhitzen. Knoblauch und Zwiebel darin unter häufigem Rühren 3–4 Minuten weich dünsten, aber nicht bräunen. Die Tomaten vierteln, das Innere mit den Kernen entfernen und das Fruchtfleisch grob hacken. In die Pfanne geben und 5 Minuten mitgaren, bis die Tomaten weich sind. Vom Herd nehmen und abkühlen lassen.

3 Inzwischen den Spinat in einem großen Topf nur mit dem Wasser, das vom Waschen an den Blättern haftet, 2–3 Minuten erhitzen, bis er zusammenfällt. Abgießen und abkühlen lassen. Den Spinat gut ausdrücken und hacken. Zu den Tomaten geben. Den Ricotta zufügen und alles gut verrühren. Mit Salz und Pfeffer abschmecken.

4 Eine Arbeitsfläche dünn mit Polenta bestreuen. Den Teig darauf zu einem 25 cm x 20 cm großen Rechteck 2 mm dick ausrollen. Die Spinatmischung gleichmäßig darauf verteilen, aber ringsherum einen 2,5 cm breiten Rand lassen. Den Teig vorsichtig aufrollen. In ein Stück Käseleinen oder ein sauberes Geschirrtuch wickeln und die Enden mit Küchenschur zusammenbinden. Einen länglichen Bräter mit Salzwasser füllen und auf dem Herd zum Kochen bringen. Die Nudelrolle hineinlegen und 20 Minuten köcheln lassen. Aus dem Wasser nehmen und 5 Minuten ruhen lassen, bis sie etwas abgekühlt ist.

5 Inzwischen den Backofengrill auf hoher Stufe vorheizen und eine ofenfeste Form dünn einfetten. Die Nudelrolle vorsichtig auswickeln und in 1,5 cm dicke Scheiben schneiden. Dachziegelartig in die vorbereitete Form legen. Mit der Butter beträufeln und mit dem Parmesan bestreuen. 4–5 Minuten unter dem vorgeheizten Grill goldbraun überbacken, dann sofort servieren.

Gänsebraten mit Zimt-Rotkohl

Gänsebraten wird häufig gefüllt, doch die Füllung saugt viel Fett auf und wird sehr mächtig. Setzen Sie lieber auf eine goldbraune, knusprige Kruste und servieren Sie würzigen Rotkohl dazu.

Für 6 Personen

1 küchenfertige Gans (4,5 kg)

2 Zwiebeln, geviertelt

1 Bund frischer Thymian

2 Lorbeerblätter

Salz und Pfeffer

Rotkohl

3 EL Olivenöl

1 große Zwiebel, in Ringe geschnitten

1 Rotkohl, gehobelt

1 großer Apfel, geschält, entkernt und gewürfelt

3 EL Rosinen

300 ml Rotwein

50 ml Rotweinessig

2 TL Zucker (nach Geschmack)

1 Zimtstange

1 Den Backofen auf 200 °C vorheizen.

2 Den Bürzel abschneiden. Die innere Höhlung mit Salz und Pfeffer einreiben, Zwiebelviertel, Lorbeerblätter und Thymian hineingeben. Einige Thymianzweige zum Garnieren aufbewahren. Ein Gitter in einen Bräter setzen und die Gans darauflegen. Die Haut rundherum mit einem Spieß einstechen. Die Gans außen mit Salz und Pfeffer einreiben und im vorgeheizten Ofen garen: 15 Minuten pro 450 g Gewicht zuzüglich 15 Minuten. Aus dem Ofen nehmen, locker mit Alufolie abdecken und vor dem Tranchieren 15 Minuten ruhen lassen.

3 Während die Gans gart, den Kohl zubereiten. Das Öl in einer großen Pfanne bei mittlerer Temperatur erhitzen. Die Zwiebel darin unter häufigem Rühren 3–4 Minuten glasig dünsten, aber nicht bräunen. Die restlichen Zutaten zugeben und abgedeckt 30–40 Minuten garen, bis der Kohl weich und die Flüssigkeit reduziert ist. Vor dem Servieren die Zimtstange herausnehmen.

4 Die Gans tranchieren, mit dem restlichen Thymian garnieren und zum Rotkohl servieren.

Tipp

Dazu passen knusprige Röstkartoffeln.

Lammkeule mit Sellerie

Für dieses Rezept wird die Lammkeule durchgegart, dennoch ist sie saftig. Wenn Sie das Fleisch lieber rosa mögen, garen Sie es etwas kürzer bei höherer Temperatur.

Für 4–6 Personen

1 Lammkeule mit Knochen (2,5 kg)

2 ganze Knollen Knoblauch

abgeriebene Schale von 2 Zitronen, Saft von 1 Zitrone

2 EL fein gehackter Rosmarin

3 EL natives Olivenöl extra

3 Schalotten, grob gehackt

350 ml trockener Weißwein

1 kg Knollensellerie, geschält und grob gewürfelt

Meersalzflocken

Salz und Pfeffer

1 Die dünne Fettschicht rautenförmig einritzen, dabei aber nicht ins Fleisch schneiden. Die Lammkeule in eine Schüssel aus Glas oder Porzellan legen. Die Knoblauchknollen in einzelne Zehen teilen, lose Schalenstückchen entfernen. 4 Knoblauchzehen schälen und zerdrücken, die übrigen zur Seite legen. Den zerdrückten Knoblauch mit Saft und Schale der Zitronen und Rosmarin verrühren. Einige Prisen Meersalzflocken und frischen Pfeffer aus der Mühle zugeben, dann das Öl unterrühren. Das Fleisch mit dieser Marinade einreiben. Abdecken und im Kühlschrank mindestens einige Stunden, am besten über Nacht, marinieren.

2 Den Backofen auf 220 °C vorheizen.

3 Das Fleisch in einen Bräter legen und mit der restlichen Marinade übergießen. Im vorgeheizten Backofen 20 Minuten garen. Die Ofentemperatur auf 190 °C reduzieren. Ganze Knoblauchzehen, Schalotten und Wein in den Bräter geben, mit Alufolie abdecken und 1 Stunde 40 Minuten garen. Zwischendurch gelegentlich mit dem ausgetretenen Saft begießen. Die Folie abnehmen, die Selleriewürfel zugeben und im Bratensaft wenden. Mit dem Fleisch noch weitere 20 Minuten garen.

4 Den Bräter aus dem Ofen nehmen. Die Lammkeule herausheben und warm halten. Sellerie und Knoblauch nochmals im Bratensaft wenden, wieder in den Ofen schieben und 10–15 Minuten garen, bis sie goldbraun und klebrig sind.

5 Das Fleisch tranchieren, mit den Selleriewürfeln anrichten und mit dem Sud aus dem Bräter servieren. Das weiche Innere des Knoblauchs lässt sich leicht aus den Zehen herausdrücken und beim Essen aufs Fleisch streichen.

Fleischklößchen in Marsala mit Wintergemüse aus dem Ofen

Für 4 Personen

450 g frisches Schweinehackfleisch

100 g Parmesan, fein gerieben

1 TL getrockneter Oregano

2 TL fein gehackte Salbeiblätter

5 Zwiebeln, in Ringe geschnitten

300 ml Marsala

2 EL flüssiger Honig

Salz und Pfeffer

Ofengemüse

4 Karotten, geschält und in mundgerechte Stücke geschnitten

4 Pastinaken, gebürstet und in mundgerechte Stücke geschnitten

2 Süßkartoffeln, geschält und in mundgerechte Stücke geschnitten

3 Porreestangen, gehackt

4 EL Olivenöl

1 kleines Bund frischer Thymian

Sie können die Fleischmasse auch in einer kleinen Kastenform als Hackbraten zubereiten.

1 Den Backofen auf 190 °C vorheizen.

2 Das gesamte vorbereitete Gemüse mit 3 Esslöffeln Öl und dem Thymian mischen und auf einem großen Backblech verteilen. Im vorgeheizten Ofen 45 Minuten backen, bis es weich und gut gebräunt ist.

3 Inzwischen Hackfleisch, Parmesan, Oregano, Salbei sowie Salz und Pfeffer nach Geschmack in einer großen Schüssel verkneten. Walnussgroße Bällchen aus der Masse formen. Das restliche Öl in einer Pfanne bei mittlerer Temperatur erhitzen und die Fleischklößchen darin 3–4 Minuten braten, bis sie goldbraun sind. Mit einem Schaumlöffel herausheben und in eine Auflaufform legen.

4 Die Zwiebeln in die Pfanne geben und unter häufigem Rühren 5 Minuten anbraten, bis sie hellbraun sind. Marsala und Honig zufügen und 5 Minuten köcheln lassen, bis die Flüssigkeit sirupartig eingedickt ist. Über die Fleischklößchen gießen und im Backofen 20 Minuten garen. Sofort mit dem Ofengemüse servieren.

Tipp

Dazu passt pikantes, mit Senf gewürztes Kartoffelpüree.

Walnuss-Scones mit Pecorino

Köstlich zum Abschluss einer Mahlzeit – mit Käse oder Konfitüre.

1 Den Backofen auf 200 °C vorheizen.

2 Mehl und Salz in eine große Schüssel sieben. Die Butter zugeben und alles mit den Fingerspitzen zu einer feinkrümeligen Masse verreiben. Zucker, Pecorino und Walnusskerne unterrühren. Dann so viel Milch zufügen, dass ein weicher, aber nicht klebriger Teig entsteht.

3 Den Teig auf einer leicht bemehlten Arbeitsfläche 2,5–3 cm dick ausrollen. Mit einer Ausstechform (6 cm Ø) Kreise ausstechen. Sie können auch eine größere oder kleinere Form benutzen.

4 Die Teigkreise auf ein Backblech setzen und im vorgeheizten Ofen 15 Minuten backen, bis sie fest und goldbraun sind. Aus dem Ofen nehmen und auf einem Kuchengitter abkühlen lassen.

Tipp
Die Scones passen auch zu einer Gemüsesuppe, vor allem mit Wurzelgemüse wie Karotten oder Pastinaken.

Ergibt ca. 10 Stück
500 g Mehl, plus etwas mehr zum Bestäuben
1 Tütchen Backpulver
1 Prise Salz
100 g Butter, gewürfelt
50 g Zucker
50 g Pecorino
125 g Walnusskerne, gehackt
300 ml Milch

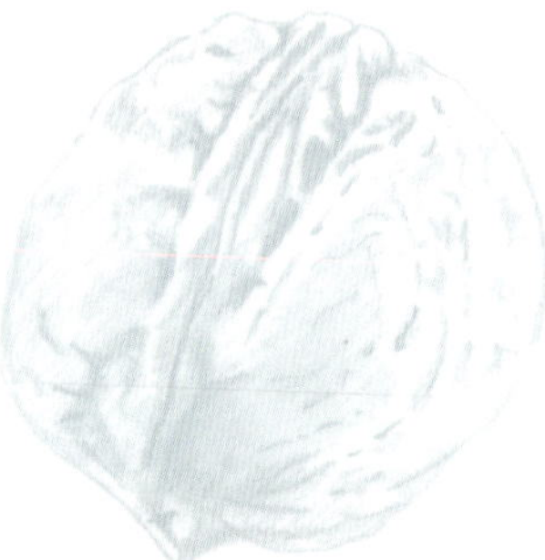

Frischer Orangensalat mit Pistazien

Der erfrischende, gesunde Salat ist schnell gemacht. Er schmeckt besonders gut nach einem üppigen Hauptgericht.

1 Zucker und Wasser in einem Topf mit schwerem Boden bei niedriger Temperatur erhitzen, bis der Zucker komplett aufgelöst ist.

2 Den Zuckersirup auf höherer Temperatur sprudelnd kochen lassen, bis er hell karamellbraun ist. Vom Herd nehmen und nach Belieben den Likör einrühren. Abkühlen lassen.

3 Mit einem Zestenschneider die Schale von 2 Orangen abschneiden. Alle Orangen schälen, dabei die weiße Haut vollständig entfernen. Das Fleisch in dünne Scheiben schneiden undvon Kernen befreien, dann auf einer Servierplatte anrichten. Mit dem abgekühlten Karamellsirup übergießen. Die Pistazien grob hacken und über die Orangen streuen.

4 Mit griechischem Joghurt oder Schlagsahne servieren.

Für 4 Personen

50 g Zucker

50 ml Wasser

2 EL Orangenlikör (nach Belieben)

6 große, saftige Orangen

100 g Pistazienkerne

200 g griechischer Joghurt oder geschlagene Sahne zum Servieren

Mokka-Sahne-Torte mit Maronen

Für 8–10 Personen

175 g weiche Butter, plus etwas mehr zum Einfetten

200 g brauner Zucker

3 Eier, verquirlt

175 g Mehl

2 TL Backpulver

5 EL starker Espresso

100 g kandierte Esskastanien, gehackt

Füllung und Glasur

200 g Sahne

1 EL Zucker

2 EL dunkler Rum

200 g Zartbitterschokolade, geschmolzen

Diese üppige Torte mit zart schmelzender Schokolade und Sahne mit Rumaroma wird Sie begeistern.

1 Den Backofen auf 160 °C vorheizen. 2 Springformen (20 cm Ø) dünn einfetten.

2 Butter und braunen Zucker in einer Schüssel schaumig schlagen. Die Eier einzeln zugeben und jeweils gut unterrühren. Mehl, Backpulver und Espresso einrühren. Die Esskastanien unterheben. Den Teig gleichmäßig in die beiden Formen verteilen.

3 Im vorgeheizten Backofen 20–25 Minuten backen, bis der Teig aufgegangen ist und auf Fingerdruck leicht nachgibt. Aus dem Ofen nehmen und 10 Minuten in den Formen abkühlen lassen, dann auf ein Kuchengitter stürzen und ganz auskühlen lassen.

4 Für Füllung und Glasur die Sahne mit Zucker und Rum in einer Schüssel steif schlagen. Einen Teigboden mit der Hälfte der geschmolzenen Schokolade bestreichen. Die Sahne darauf verteilen und den zweiten Teigboden auflegen. Mit der restlichen geschmolzenen Schokolade bestreichen. Zum Servieren in Stücke schneiden.

Apfelküchlein mit Haselnusseis

Für 6 Personen

125 g Butter, plus etwas Butter zum Einfetten

125 g brauner Zucker

2 Eier, verquirlt

125 g Mehl

1½ TL Backpulver

½ TL Natron

2 Äpfel, entkernt und gewürfelt

6 EL Ahornsirup

Haselnusseis

275 g Zucker

50 ml Wasser

100 g Haselnusskerne

300 ml Milch

6 Eigelb

300 g Sahne

Verwenden Sie für dieses Rezept echten, hochwertigen Ahornsirup aus Kanada.

1 Für das Eis 100 g Zucker mit dem Wasser in einem Topf mit schwerem Boden bei niedriger Temperatur erhitzen, bis der Zucker vollständig aufgelöst ist.

2 Den Zuckersirup bei höherer Temperatur sprudelnd kochen lassen, bis er eine dunkle Bernsteinfarbe hat. Die Haselnüsse einrühren. Die Mischung sofort auf ein gefettetes Backblech schütten und verteilen. Ganz abkühlen lassen, dann in sehr kleine Stücke brechen.

3 Die Milch in einem Topf bis an den Siedepunkt erhitzen. Die Eier und den restlichen Zucker in einer hitzebeständigen Schüssel cremig rühren. Die heiße Milch zugießen und gut verrühren. Die Mischung wieder in den Topf füllen und unter ständigem Rühren bei niedriger Temperatur erhitzen, bis sie so dickflüssig ist, dass sie an der Rückseite des Kochlöffels haftet. Vom Herd nehmen, die Sahne einrühren und abkühlen lassen. In einer Eismaschine nach Herstelleranweisung kühlen, bis die Masse fast gefroren ist. Den Haselnusskrokant unterrühren und ganz durchfrieren lassen. Alternativ die Masse in eine Gefrierbox füllen und in den Tiefkühler stellen, bis sie fast gefroren ist. Aus dem Tiefkühler nehmen und durchrühren, um Eiskristalle zu zerschlagen, und den Krokant unterrühren. Wieder einfrieren. 10–15 Minuten vor dem Servieren aus dem Gefriergerät nehmen und etwas antauen lassen.

4 Den Backofen auf 180 °C vorheizen. Ein Backblech und 6 Ramequin-Förmchen oder kleine Wasserbadförmchen einfetten.

5 Butter und braunen Zucker in einer Schüssel verrühren. Die Eier einrühren. Mehl, Backpulver und Natron sieben, zugeben und unterrühren. Die Äpfel unterheben. Die vorbereiteten Förmchen zu zwei Dritteln mit dem Teig füllen und auf ein Backblech stellen. Im vorgeheizten Ofen 25 Minuten backen, bis die Küchlein gar und aufgegangen sind. Einige Minuten abkühlen lassen, dann auf Portionsteller stürzen. Jedes Küchlein mit einem Esslöffel Ahornsirup beträufeln. Eine Kugel Eis daneben setzen und sofort servieren.

Crêpes mit Gewürzbirnen

Für 4 Personen

2 Eier

300 ml Milch

2 EL zerlassene Butter, plus etwas mehr zum Braten und Einfetten

125 g Mehl, gesiebt

1 Prise Salz

Füllung

2 EL Butter

1 kg reife, feste Birnen, geschält, entkernt und grob gewürfelt

50 g Zucker

1 TL Zimtpulver

1 TL gemahlener Sternanis

2 EL Weinbrand

50 g helle Sultaninen

4 Stücke eingelegter Ingwer, fein gehackt

4 EL Ingwersirup

Sauce und Belag

150 g Sahne

1 EL Weinbrand

2 EL Puderzucker

2 EL brauner Zucker

50 g Pekannüsse, gehackt

Crème fraîche, zum Servieren (nach Belieben)

Dieses feine Dessert lässt sich großartig vorbereiten. Kurz vor dem Servieren brauchen die Crêpes nur erwärmt zu werden.

1 Für die Crêpes Eier, Milch und zerlassene Butter mit dem Mixer gründlich verrühren. Mehl und Salz mischen, zur Eiermilch geben und alles zu einem glatten Teig verrühren. Den Teig mindestens 30–60 Minuten, möglichst länger, quellen lassen.

2 Eine Crêpe-Pfanne oder eine beschichte Pfanne mit etwas Butter einfetten und bei mittlerer bis hoher Temperatur erhitzen. Etwas Teig in die Pfanne geben und die Pfanne schwenken, um den Teig gleichmäßig auf dem Boden zu verteilen. Die genaue Teigmenge hängt von der Größe der Pfanne ab. 1–2 Minuten braten, bis die Unterseite goldbraun ist und sich an der Oberseite kleine Bläschen zeigen. Dann den Rand vorsichtig mit einem Palettmesser lösen und den Crêpe wenden. Die andere Seite etwa 1 Minute goldbraun braten. Aus dem restlichen Teig weitere Crêpes zubereiten. Die Teigmenge reicht für etwa 8 Crêpes.

3 Für die Füllung die Butter in einer großen Pfanne mit schwerem Boden bei mittlerer Temperatur zerlassen. Die Birnen darin unter ständigem Rühren goldbraun braten. Zucker und Gewürze zufügen und weitergaren, bis die Birnen weich sind. Den Weinbrand zugießen und anzünden. Wenn die Flammen erloschen sind, Rosinen, Ingwer und Einlegesirup zufügen. Die Crêpes mit der Mischung füllen und aufrollen. Nebeneinander in eine ofenfeste Form legen.

4 Den Backofengrill auf hoher Stufe vorheizen. Für die Sauce die Sahne mit Cognac und Puderzucker in einer Schüssel halbsteif schlagen. Über die Crêpes gießen. Dann die Crêpes mit dem braunen Zucker und den Pekannüssen bestreuen. Unter dem vorgeheizten Grill überbacken, bis die Oberfläche goldbraun ist und die Sahne brodelt. Nach Belieben mit einem Klecks Crème fraîche servieren.

Register